INHALT

WAS KANNST DU VON DIESEM BUCH ERWARTEN?

In diesem Buch wirst du nicht die eine ultimative Manifestationsmethode lernen, nein, du wirst mit einem Arsenal an Möglichkeiten ausgerüstet werden. Wieso? Weil es nicht die eine ultimative Manifestationsmethode gibt. So, wie es nicht die eine ultimative Diät gibt. Jeder Körper ist anders und hat andere Bedürfnisse. So ist das auch mit deinem energetischen Fingerabdruck und dem Manifestieren. Denn ob es dir bewusst ist oder nicht, du bist ziemlich einzigartig. Also, was bringt dir ein Buch, das dir eine Methode als die absolute verkauft, wenn sie für dich aber nachher gar nicht klappt? Ja, scheiße, sowas brauchen wir nicht. Solche Bücher gibt es schon genug. Langweilig. Nein, wir machen das anders. Dieses Buch wird dir als ultimatives Nachschlagewerk zum Thema Manifestieren dienen. Es wird dir die gängigsten und erfolgversprechendsten Ansätze im Detail erklären, sodass du danach direkt durchstarten kannst und beim Ausprobieren herausfindest: »Ey, geil! Das klappt auch für mich! Endlich! Das passt zu mir!«

Und als wäre das nicht genug, werde ich mit diesem Buch auch all diejenigen abholen, die bisher immer übergangen wurden. Das ist also auch ein Buch für all jene, denen die klassischen Manifestationsmethoden immer schwerfielen, weil sie sie eben nicht mal so eben anwenden konnten. Egal ob es daran liegt, dass du vielleicht Schwierigkeiten mit deiner Konzentration hast, gegen psychische Erkrankungen ankämpfst und dir die »Einfach mal positiv denken und Positives ins Leben ziehen«-Lebensweisheiten schon aus den Ohren hängen. Oder aber auch, weil dir das »Wünschen und dann Vergessen« einfach nicht liegt, weil du eher zum Hyperfokus neigst. All das sind keine Schwächen, keine Hindernisse und kein Grund zum Scheitern. Nein, die Methoden sind das Problem! Denn alles, was du in Büchern und im Internet bisher dazu gelernt hast, war leider ausschließlich auf neurotypische Gehirne ausgelegt. Aber diesen Missstand werde ich nun endlich beheben. Halleluja! Ich werde in diesem Buch nämlich auch einige Methoden für meine neurodiversen Schwestern und Brüder erklären. Die meisten davon habe ich selbst entwickelt, denn auch ich hatte von klein auf das Problem, mit den klassischen Methoden nicht so richtig warm werden zu können. Mein Gehirn funktioniert eben einfach anders.

Neurotypisch und neurodivers

Das sind Begriffe aus Psychologie und Neurowissenschaft, die Unterschiede in der Funktionsweise des Gehirns und im Verhalten klassifizieren. Neurotypische Menschen zeigen keine auffälligen Abweichungen vom Durchschnitt. Neurodiverse Menschen hingegen zeigen eine neuronale Vielfalt in ihren Abweichungen von der Norm, bei Autismus, ADHS, Legasthenie oder Dyskalkulie. Entwicklungsstörungen und psychische Krankheiten führen zu neurologischen Varianten von Gehirnen. Der Mensch dahinter ist anders geschaltet und nimmt vieles dadurch anders wahr als die breite Masse und verarbeitet es anders.

Ich weihe dich also nicht nur in die Grundlagen ein, nein, sondern auch in neue Geheimnisse der Manifestation, die bisher niemand je geteilt hat.

Das hier ist sozusagen
die Manifestationsbibel.

Damit für alle energetische Typen was dabei ist, für Groß und Klein, für Jung und Alt, für Neurotypisch und Neurodivers. Denn nicht du musst dich an die Methoden anpassen, sondern die Methoden sich an dich! Egal, wie dein Gehirn funktioniert, du kannst jede Menge Liebe, verrückte Momente und eine für dich erfüllende Karriere in dein Leben ziehen. Klingt verrückt? Lass uns ein bisschen verrückt sein. Lass uns Neues ausprobieren. Was kann im schlimmsten Fall beim Manifestieren passieren? Dass es klappt? Dass sich deine Wünsche komplett erfüllen? Na dann! Lass uns dieses ach so furchtbare Risiko eingehen.

Lass uns auf ein intensives Date mit dem Universum gehen, denn er ist der einzige Typ, der wirklich nur das Beste für dich will. Wild, inniglich und endlich mal einer, der hält, was er verspricht.

Lass nichts anbrennen und fuck the universe!

Ich bin sicher, er kann es kaum erwarten und wird dein Leben auf den Kopf stellen.

OROCULUS DEPOCULUS

RICHNA PEN DETSCH WATCH

WOLLO WITCH WOLLO

PENG TSCHICK WA

USDATZA US LOS

MIRAKALAS

Eingesperrter Reichtum,

schau das Dunkel, das ich genannt,

die Hexe, so wurde ich benannt,

sprengend Ketten lösen

und es entfernen von dem Bösen.

Fuck the Universe – mit Körper und Herz

DAS UNIVERSUM! WOVON REDEN WIR HIER?

Was ist das Universum eigentlich, über das immer alle reden? Das angeblich nur Gutes für dich bereithält und nur das Beste will? Das Universum wird auch Äther, das fünfte Element, Akasha, Kosmos oder Schöpferkraft genannt. Für viele ist es die Verbindung zum Göttlichen, zum Ursprung allen Seins. Manche geben diesem Konzept Namen wie Gott oder Allah, Wissenschaftler würden es vielleicht eher Urknall nennen. Der Ursprung, der uns gebar und seit jeher alles in Bewegung hält und sich wie eine kippende Dominoreihe immer weiter in Raum und Zeit ausdehnt.

Du musst das Universum also nicht personifizieren, kannst das aber. Für viele wird es so zugänglicher, greifbarer und ein Stück weiter verständlich. Du kannst es aber auch als nicht wirklich begreifbare, unendliche Masse, die alles verbindet, ansehen. Denn wenn wir ganz ehrlich sind: Keiner von uns kann es wirklich vollumfänglich verstehen. Das Universum wird als Schöpferkraft gern als universelle Liebe beschrieben, die nur das Beste für jedes Lebewesen und jede Schöpfung will ... Ja, ja, diese Reine-Luft-und-Liebe-Kultur verkauft sich natürlich gut und macht in Buchform mehr Umsatz, denn sie gaukelt den Leuten eine Illusion vor, an die sie glauben wollen. Aber seien wir an diesem Punkt mal ganz ehrlich: Manchmal fickt uns das Universum so richtig, und das nicht auf die gute Tour.

Wieso verhungern Menschen auf der Welt? Wieso wird jemand mit einer Behinderung geboren, die ihn immens einschränkt oder sogar ein Leben lang von anderen abhängig macht? Wieso wird jemand anderes von einem nahen Verwandten missbraucht und hat sein Leben lang damit zu tun, die daraus resultierenden psychischen Schäden aufzuarbeiten?

Das sind diese unangenehmen Fragen, die keiner in der spirituellen Szene stellen will. Zumindest nicht, wenn er etwas verkaufen möchte. Dann wird von Seelenplänen geredet und dass man diese Erfahrung machen muss, um bei seiner Wiedergeburt dieses Kapitel abgehakt zu haben. Oder es wird von karmischer Gerechtigkeit gesprochen, weil man scheinbar in der vorherigen Inkarnation das größte Arschloch war. Natürlich versuchen wir das Leid auf der spirituellen Ebene irgendwie zu erklären und begreifbar zu machen, wieso so schlimme Dinge passieren. Wir wollen einen Sinn darin erkennen, denn das brauchen wir Menschen. Sinn. Ansonsten werden wir bekloppt. Aber ob diese Ansätze richtig sind? Ich weiß es nicht. Keiner weiß es. Aber glauben darf jeder, was er will. Und wenn es sich mit einem dieser Ansätze besser leben lässt, wenn es die Ungerechtigkeit und den Schmerz leichter macht? Dann drauf geschissen, ob der Ansatz korrekt ist. Alles, was dir hilft, besser mit deiner Situation umzugehen, und dir oder anderen dabei nicht schadet, ist meines Erachtens ein absolut legitimes Mittel deiner Wahl.

DOCH EIN VERSTECKTER SINN?

Ich weiß nur, dass du nicht der Mensch wärst, der du heute bist, wenn dir die Dinge nicht passiert wären, die dich geformt haben. Hättest du auf einige davon verzichten können? Sicherlich. Haben dich manche nachhaltig auf eine Weise geprägt, an der du immer noch knabberst? Kann gut sein. Wünschst du dir manchmal, jemand anders zu sein oder ein anderes Leben zu führen? Wahrscheinlich, sonst hättest du dieses Buch gar nicht erst in die Hand genommen, denn offensichtlich willst du etwas verändern. Und das werden wir! Wobei ich mir aber sicher bin, ist, dass du im Kern, trotz all der Dinge, die dir widerfahren sind, eine ziemlich coole Socke bist, die nur das Beste für sich selbst und die Mitmenschen, die sie liebt, will. Und das hast du verdient.

Ich kann dir nicht sagen, wieso dir das Universum all diese Steine in den Weg gelegt hat, aber ich kann dir sagen, dass dich jeder davon zum Wachsen bewegt hat oder zumindest als Potenzial diese Möglichkeit beherbergt. Da spreche ich aus ganz tiefer persönlicher Erfahrung. Ich bin nicht dieser Oberguru, der dir sagt, dass alles immer einfach ist, wenn du nur fest genug daran glaubst, und dass alles immer genau so wird, wie du willst, wenn du es nur »richtig« machst. Nein, ich bin diese schrille Hexe, die authentische Wege vermittelt, für echte Menschen, mit echten Problemen, aus dem echten Leben. Denn das Leben ist nun mal chaotisch – und wie sehr du auch Ordnung reinzubringen versuchst, es wird dir eben nicht immer und vor allem nicht dauerhaft gelingen. Warum?

Ganz einfach, weil alles in diesem Universum miteinander verbunden ist, alles ist eins, ein kollektives Bewusstsein, und dennoch hat jedes Lebewesen dazu noch sein eigenes individuelles Bewusstsein obendrauf. Jeder hat seinen freien Willen und der grätscht dir eben ständig rein. Du kannst ja nicht jeden und alles ständig kontrollieren. Weder physisch, geschweige denn energetisch. Das ist schlichtweg nicht möglich. Und darum wird es, egal wie geübt du bist, immer Situationen geben, mit denen du nicht rechnen konntest. Die einfach passieren. Im guten wie im schlechten Sinne.

Aber das macht das Leben ja auch spannend, gefährlich und reizvoll. Auf jedem neuen Weg, hinter jeder neuen Tür, die du öffnest, könnte der Zonk sein oder aber der Jackpot. Das Schöne ist jedoch: Wenn du dich mit dem Universum verbindest, wenn du deine Energien fühlst und versuchst, in den Fluss des Geschehens einzutauchen, mitzuschwimmen statt dagegen, dann erhöht sich die Wahrscheinlichkeit, eine der guten Türen zu erwischen, immens. Denn du hast nicht nur körperlich Einfluss auf das Geschehen in deinem Umfeld, sondern auch auf feinstofflicher Ebene. Auf seelischer.

DU ÜBERNIMMST ENDLICH DIE HAUPTROLLE IN DEINEM LEBEN

Also, was soll dieses Buch, wenn es dir keine falschen Versprechungen von ewiger Glückseligkeit machen kann? Na ja, es wird dir helfen, Wege zu finden, die dich zu dieser Glückseligkeit führen können. Wege, um die Dinge zu erreichen, die du erleben willst. Das Leben zu führen, bei dem du denkst, es wäre ideal für dich, auch wenn du dann in vielen Fällen feststellen wirst, dass es vielleicht doch gar nicht so geil ist. Dass die Vorstellung von etwas Ersehntem oftmals besser ist als die Sache selbst. Du wirst Erkenntnisse erlangen, Dinge ausprobieren, Erfolge haben, scheitern … und all das wird dein Leben enorm bereichern. Denn du wirst nach dem Lesen dieses Buches bewusst auf die dir zugespielten Energien eingehen, sie aktiv lenken, umlenken, verändern und deinen eigenen Senf hinzugeben können. Du wirst nicht mehr länger ein Statist deines Lebens sein, der das Stück einfach so über sich ergehen lässt. Nein, du wirst die verdammte Hauptrolle spielen! Denn bei den Göttern, das hast du dir verdient und es wird langsam auch mal Zeit!

Klar, das Publikum ist vielleicht nicht von jedem Akt immer hellauf begeistert und gewisse Szenen werden einfach nicht so laufen, wie du es dir erhofft hast, aber scheiße noch mal, wird es Spaß machen! Es wird Spaß machen, endlich diese Kraft in dir zu entfesseln, zu spüren und ganz klar zu erkennen, wie viel Einfluss du wirklich auf die Geschichte hast, die da läuft. Ich habe jetzt schon so richtig Bock, dich wachsen zu sehen. Hast du auch Bock? Denn das ist essenziell: deine Lust auf ein neues Leben! Auf verrückte Abenteuer! Auf schräge Geschichten! Um das Unmögliche wahr zu machen, musst du eben selbst manchmal unmöglich sein. Mutig, wild und vor allem voller Tatendrang.

Ich sag's dir, wie's ist: Dein Leben wird sich nicht verändern, wenn du weiter passiv in einer Opferrolle kleben bleibst. Wer hat schon Bock auf Opferrolle? Der Drops ist gelutscht. Hey, nichts dagegen! Ab und zu braucht das jeder mal. Aber eben nicht als Dauerzustand. Also, du willst was verändern? Dann verändere dich! Und dafür musst du in die aktive Position gehen! Und glaub mir, die ersten Schritte sind gar nicht so schwer, und wenn du erst mal die richtige Methode für dich gefunden hast, dann werden dich die ersten kleinen Erfolge auch immens motivieren, am Ball zu bleiben. Daher ist es umso besser, dass in diesem Buch so viele Manifestationstechniken auf dich warten, die du nach eigener Schnauze frei und wild ausprobieren kannst. Es gibt keine Regeln. Es gilt nur: Mach, was funktioniert!

WAS IST EIGENTLICH MANIFESTIEREN?

Das Wort Manifestation stammt vom Lateinischen *manifestare* und bedeutet so viel wie »handgreiflich machen«. Es beschreibt somit das Sichtbarwerden von Dingen, Zuständen und Situationen, die vorher unsichtbar waren oder gar nicht existent. Im modernen Sinne des Zeitgeists unserer Generation beschreibt Manifestieren die bewusste Beeinflussung und Steuerung der individuellen Realität, um die eigenen Wünsche, Ziele und Visionen in die Erfahrungsrealität zu holen.

Durch die Kraft deiner Gedanken gestaltest du also aktiv dein Leben nach deinen Vorstellungen.

Ähnlich dem Manifestieren ist das Wirken von Magie, wobei dies zumeist aufwendiger ist. Irgendwie expliziter. Wenn du mich schon von einem meiner Presse- oder Social-Media-Auftritte kennst, dann weißt du, dass ich eine Hexe bin. Wir Hexen reden im Kontext des energetischen Arbeitens von Magie oder davon, Magie zu wirken. Hexen meinen mit Magie die Beeinflussung aller Dinge in und um uns herum durch die Fokussierung und Ausrichtung aller Energien: unserer eigenen, aber auch der von Räumen, Gegenständen und sogar Lebewesen. Doch was bedeutet »Energien« in diesem Kontext? In meinem Buch »WitchPower. Entdecke deine magischen Fähigkeiten« habe ich das schon ziemlich gut beschrieben. Hier noch mal kurz und knapp:

Energie ist einfach »wirkende Kraft«. Sie kann nicht zerstört, sondern nur von einer Form in eine andere umgewandelt werden. Sie kann nicht verschwinden. Alle existierende Energie war also schon immer da und wird immer da sein, sie wird sich nur neu sortieren. Außerdem ist alles in stetiger Bewegung, denn die kleinsten Bausteine des Lebens kennen keinen Stillstand. Alles bewegt sich und daher gibt es im Grunde nichts Festes. Ein fester Gegenstand ist nur eine Illusion, da wir die Bewegungen der kleinsten Teilchen nicht wahrnehmen können.

Die Welt und alles um uns herum können wir also als ein großes Ganzes betrachten. Eine Ansammlung an Energie, wobei alles miteinander verbunden ist. Und wir selbst sind ein Teil des großen Ganzen mit einem individuellen Bewusstsein. Also liegt es doch nahe, dass dieses individuelle Bewusstsein auf das große Ganze einen gewissen Einfluss haben wird. Klar, du kannst schließlich etwas zerstören oder etwas aufbauen. Und das nicht nur auf physischer Ebene, indem du etwas zerschlägst oder zusammensetzt. Es treten bereits Dinge in Kraft, wenn du nur kleinste Impulsen sendest. Damit beginnt es schon. Mit der Energie der elektrischen Ströme in deinem Gehirn, die zu einem Gedanken werden. Und erst recht mit deinen Gefühlen. Es sind Impulse, Druckwellen, die durch deinen ganzen Körper rasen. Denk nur an Wut, aber auch an Liebe.

Beim Manifestieren nun gibt es immer eine Intention, also eine Absicht, ein Ziel. Und dieses Ziel soll klassischerweise mit der Ausrichtung deiner Gedanken erreicht werden. Beim Manifestieren geht es also um die Ausrichtung deiner Energien, um dein Leben so zu gestalten, wie du es dir vorstellst. Alles, was du denkst, ist. Oder: Alles, was du denkst, wird. Deswegen ist das Manifestieren bereits die Grundlage der Magie. Eben die Annahmen, dass alles Energie ist, dass alles beseelt und verbunden, alles eins ist – und dass wir deshalb mit unserem Innersten einen Einfluss auf das Äußerste nehmen können.

VON »NEBENBEI UND UNBEMERKT« ZU »BEWUSST UND AKTIV«

Du nutzt deine Energien auf die ein oder andere Weise in jeder Sekunde deines Lebens. Also manifestierst du auch immerzu. Du bist ein kleines laufendes Kraftwerk, das pausenlos seine Energien in die Welt gibt. Jetzt geht es also darum, dies bewusst und gezielt zu tun. Damit kommst du schon ein gutes Stück weit in Richtung der Magie, die Hexen wirken (mehr dazu wie gesagt in meinem Buch »WitchPower. Entdecke deine magischen Fähigkeiten«).

Manifestieren ist also bereits magisch! Daher sind die Worte auch gar nicht so wichtig. Ob du dich als Manifestorin oder als Hexe siehst, ist ganz deine Sache. Bleib einfach offen und probier, was für dich passt. Denn wie heißt es? Wer glaubt, jemand zu sein, hört auf, jemand zu werden! Egal, wie du dich nennst und was du schon verinnerlicht hast, nutze die Worte und Bezeichnungen, die sich gut für dich anfühlen, und respektiere, dass andere dies auf ihre eigene Art ebenso machen. Schauen wir jetzt also, wie das Manifestieren genau funktioniert.

DIE MANIFESTATIONSMACHT DEINER GEDANKEN

Lassen wir mal die »Energien«, die so mystisch anmuten und seit Jahrtausenden in allen Kulturen auf der ganzen Welt genutzt, anerkannt und praktiziert werden, weg. Konzentrieren wir uns nur darauf, was Gedanken sind. Wie sie funktionieren und was sie in unserem Körper biochemisch auslösen. Ich will ja auch den Skeptikern und absoluten Atheisten etwas servieren können, mit dem sie was anfangen können. Und für alle anderen ist es nützliches Zusatzmaterial. Solltest du in die Bredouille kommen, dich für deine Lebensweise rechtfertigen zu müssen, bist du schon mal mit guten Argumenten ausgestattet, um das Ganze trocken und analytisch begründen zu können: wieso du das mit dem Manifestieren überhaupt machst. Warum es klappt. Und wieso dein Gegenüber es vielleicht auch mal ausprobieren sollte. Kostet ja nichts, außer etwas Muße.

Auf das Wesentliche vereinfacht sind Gedanken schlichtweg unsichtbare, elektrische Ströme, durch die Milliarden von Nervenzellen miteinander kommunizieren. Wenn du einen Gedanken hast, arbeitet ein ganzes Netzwerk aus Neuronen in deiner Großhirnrinde zusammen, um diesen zu ermöglichen. Das Faszinierende ist nämlich, dass es kein Zentrum gibt, in dem die Gedanken stattfinden, ganz im Gegenteil, sind sie über das ganze Gehirn verteilt. Wie Schnee, der sich wie eine Decke ausbreitet und auf alles niederlegt.

Das Ganze geht dabei irre schnell. Und wie das Gehirn einem zunächst undefinierten elektrischen Impuls eine Bedeutung zuordnet, ist noch völlig unklar. Wir wissen schlichtweg nicht, wie diese Signale zu einem greifbaren Gedanken werden. Recht ernüchternd, oder? Die Grundlage des menschlichen Seins ist das komplexe Denken und wie genau das funktioniert, davon haben wir mal wieder keine Ahnung. Ein wichtiger Punkt sind jedoch unsere Synapsen, denn sie ermöglichen, dass die Informationen von Zelle zu Zelle weitertransportiert werden. Dabei schütten die einzelnen Nervenzellen Substanzen aus, welche die nächste Nervenzelle wahrnimmt und ebenso weiterleitet. Durch diese lückenlose Vernetzung können wir all das tun, was wir so tun – sprechen, laufen, tanzen und eben denken. Auch wenn das ganze Gehirn vernetzt ist, lässt sich durch Scans erkennen, dass die meisten Gedanken im Großhirn stattfinden. Die Wissenschaft geht mittlerweile durch entsprechende Nachweise von dem aus, was spirituelle Kulturen schon seit jeher an Wissen weitergaben:

UNSERE GEDANKEN SIND ENORM MÄCHTIG!

Durch deine Gedanken kannst du deinen Gefühls- und Emotionskreislauf manipulieren, steuern und maßgeblich beeinflussen. Du hast somit nur durch stilles Nichtstun und Denken einen maßgeblichen Einfluss auf dein Empfinden. Was ich besonders spannend finde, ist die Menge unserer Gedanken. Da gehen die Angaben stark auseinander: Von 8000 bis 80 000 Gedanken pro Tag lässt sich alles finden. Gehen wir mal vom kleinsten Wert aus, sind das immer noch enorm viele Gedanken jeden Tag, die durch unsere Köpfe wandern. 8000 Stück. Das ist echt eine verdammte Menge! Und jeder einzelne davon hat einen Einfluss auf dein Sein, deinen Gemütszustand, die Wahrnehmung deiner Realität und dein Körperempfinden. Das ist krass, oder? Welche Macht wir größtenteils ungenutzt lassen, weil wir so vor uns hin leben, unseren Aufgaben nachgehen und uns eigentlich nie die Zeit nehmen, bewusst zu sein. Wir funktionieren, existieren, überleben, wir nehmen oftmals eher passiv teil, aber die unglaublichen Potenziale, die rein wissenschaftlich schon im aktiven Sein liegen, im aktiven Denken, sind atemberaubend.

Jeder noch so kleine Gedanke löst eine biochemische Reaktion in deinem Gehirn aus, die dann chemische Signale durch deinen Körper jagt. Greifbarer formuliert erzeugt jeder deiner Gedanken einen chemischen Botenstoff, der dann zu einer bestimmten Emotion führt. Dein Körper merkt also mittels dieser Botenstoffe, die auch Neurotransmitter genannt werden, genau das, was du gerade passiv oder eben aktiv gedacht hast. Im aktiven Denken liegt daher viel Macht und folglich auch die Umstrukturierung und das Training deiner passiven Gedanken. Diese sollten dir zugänglich und förderlich sein, aber stattdessen sind, so wird gesagt, fast 25 Prozent unserer Gedanken negativ uns selbst gegenüber. Das ist eine grausam hohe Menge. Und die anderen 75 Prozent sind nicht zwangsläufig positiv, sondern beschäftigen sich viel mit den Dingen im Außen.

Mit dem Geist arbeiten – meditieren!

Unter Stress werden aus den 25 Prozent negativen Gedanken sogar bis zu 80 Prozent. Und jetzt sag mir, dass du dich im Alltag nicht ständig gestresst fühlst. Ein verheerender Zustand, der die Wichtigkeit des Meditationskapitels in diesem Buch unterstreicht, in dem wirklich für jeden was dabei sein sollte. Schluss mit den Ausreden! Du musst dir die Zeit nehmen. Es wird kein anderer für dich tun. Probier aus, welche Methode für dich passt – und nutze sie. Mehr dazu im Kapitel »Die Verbindung zum Universum stärken«.

Bei so vielen negativen Gedanken herrscht in deinem Hirn also unterschwellig immer eine gewisse Abneigung gegen dich selbst. Wie eine Handbremse, die du die ganze Zeit angezogen hältst, während du aufs Gaspedal drückst. Du kämpfst gegen dich selbst. Es wird also Zeit, dein Bewusstsein und noch viel tiefer: dein Unterbewusstsein endlich umzuprogrammieren, damit du diese unnütze Handbremse lösen kannst.

Wenn du positiv denkst, produziert dein Gehirn Botenstoffe, die für angenehme und entsprechend positiv bewertete emotionale Reaktionen sorgen. Dabei werden Hormone wie Serotonin, Oxytocin, Dopamin, Endorphine und Vasopressin ausgeschüttet. Andersherum mit negativen Gedanken: Durch sie werden Hormone wie Adrenalin, Noradrenalin, Cortisol, dazu Cytokine und Histamine ausgeschüttet. Das heißt:

DU DENKST, WAS DU FÜHLST.
DU FÜHLST, WAS DU DENKST.

Deine Gedanken erzeugen Gefühle und deine Gefühle erzeugen Gedanken. Der Kreislauf des inneren Seins. Die Achterschleife der Unendlichkeit. Und diese Schleife erklärt auch, warum manche Menschen in einem Perpetuum mobile, einer Dauerschleife ihres Seins, gefangen zu sein scheinen. Sie denken, sie wären nicht gut genug, dadurch produziert das Gehirn die passenden Botenstoffe und sie fühlen sich daraus resultierend auch nicht gut genug. Da sie sich so fühlen, wird ihr Handeln unsicherer, unangenehme Situationen geschehen, die Gefühle werden verstärkt und somit auch wieder die Gedanken … Aus diesem Prozess auszubrechen ist auf biochemischer Ebene erst mal gar nicht so einfach. Das geht mit einem Schock, damit, ins gegenteilige Verhalten zu springen, wirklich komplett aktiv und ruckartig, oder eben durch Üben, Üben, Üben. Diesen Prozess aber zu kennen, ist schon mal die halbe Miete, denn jetzt kannst du dich immer wieder darauf besinnen.

Du bist nicht zu dumm, nicht zu faul und auch nicht zu schwach, »einfach mal eben positiv zu denken«! Je mehr sich deine Negativität schon festgefressen hat, desto geduldiger sei auch mit dir. Und jetzt denkst du vielleicht schon panisch: »Dangit! Ich bin so verkorkst, wie soll das was werden? Ich ertrinke in meiner selbst gebrauten Scheiße, Shittsky!« Keine Sorge, ich habe eine gute Nachricht! Denn dein Gehirn ist neuroplastisch aufgebaut. Neuroplastizität umschreibt die Fähigkeit deines Gehirns, sich ein Leben lang verändern und immer wieder Neues dazulernen zu können. Früher ging man ja davon aus, dass man nur im Kindesalter fähig wäre, das Gehirn auszubauen und zu prägen. Du kennst solche Sätze wie: »Was Hänschen nicht lernt, lernt Hans nimmermehr.« Heute wissen wir, dass das absoluter Bullshit ist. Glück für uns.

Aus persönlicher Erfahrung kann ich dich auch beruhigen. Es ist wirklich möglich. Einst war ich eine schwer traumatisierte Person, die nur im Survivalmode existieren konnte. An diesen Zustand gewöhnten sich mein Körper, mein Geist, meine Seele. Dauerstress, Angst, alles richtig machen zu müssen, ansonsten würden Situationen wieder eskalieren. Natürlich, sofern man die Situation nicht verändern kann, wie als Kind, versucht das Gehirn, irgendwie mit den Gegebenheiten klarzukommen. Immer wachsam, immer vorsichtig, keine Zeit, sich selbst zu erkunden. Irgendwie mal man selbst zu sein. Ein schlechtes Selbstwertgefühl ist die Folge, da keine Möglichkeit bestand, sich selbst kennenzulernen und sich einen Wert zu geben. Dazu im Außen die dauerhafte Abwertung. Das konnte schlichtweg nur zu negativen Gedankenspiralen führen, die normal wurden. Das war es, womit mein Gehirn aufwuchs. Ich kannte nichts anderes. Daraus auszubrechen, kostete mich Jahre harter Arbeit. Mit vielen Tränen, mit Tagen, wo ich aufgeben wollte. Viele Tage, an denen ich nicht wusste, was dieses Leben außer Schmerz für mich überhaupt zu bieten hatte. Leichtigkeit, Glückseligkeit? Versuch mal, jemandem den Himmel zu erklären, der ihn noch nie gesehen hat. Die Vorstellung mag vielleicht ganz nett sein, aber begreifen kann er es nicht. So ging es mir. Als ich dann so langsam meinen Weg fand, machte ich Fortschritte, aber meines Erachtens nicht schnell genug. Ich war streng mit mir. Leistung. Leistung. Leistung! Das war das Einzige, wonach ich mich bewerten konnte. Und wenn ich gute Leistung erbrachte, dann durfte ich mich gut fühlen. So war mein Gehirn getrimmt. Aber was soll ich sagen? Ich hab's geschafft. Ich konnte meinem Kerker entkommen. Es hat Jahre gedauert. Ich habe oft gedacht, ich schaff's nicht. Hier und da gab es Rückfälle in ungesunde Gedanken und Verhaltensmuster. Aber nun? Nun bin ich frei. Frei wie ein Vogel. Frei, wie ich immer hätte sein sollen.

Hab ich neidisch auf die Leute geblickt, die von Anfang an ihre Schwingen ausbreiten durften und mir so viel voraushatten? Sicherlich. Aber das spielt jetzt keine Rolle mehr. Ich bin einfach nur dankbar, so dankbar, dass ich erfahren durfte, dass sich das Leben wirklich lebenswert anfühlen kann. Nicht nur als schnöder Satz, als Farce. Nein, durch und durch spürbar als pures Glück in jeder Faser meines Körpers. Und wenn es mir jetzt mal schlecht geht, mal wieder so richtig dreckig, dann kenne ich die Sonne. Ich weiß, ihre Strahlen kommen wieder. Denn jetzt kenne ich den Unterschied, ich weiß, dass es möglich ist, dass es diese Lichter wirklich gibt und dass es keine leeren Worte von Menschen sind, die einfach nur nicht wollten, dass ich mich aufgebe. Sie haben nicht gelogen, ich konnte es mir einfach nur nicht vorstellen. Weil ich es noch nicht kannte. Und wenn es dir ähnlich geht, glaube mir: Dieses Glück, von dem jeder spricht, diese Erfüllung im schlichten Sein, im bloßen Teilnehmen am Leben, im Dasein, ja, das gibt es. Aber du musst es finden und dafür vielleicht wie ich lange, lange kämpfen. Aber verdammt noch mal! Kein Kampf, den ich je führte, war so sinnvoll wie dieser.

VORSTELLUNG, TRAUM ODER REALITÄT?

Wenn wir einen Film anschauen, schüttet unser Gehirn dabei die gleichen Hormone aus wie in der Realität. Bei Horrorfilmen geht der Puls hoch und Stresshormone durchfluten uns. Bei Romanzen bekommen wir entsprechend sentimentale Gefühle. Unser Gehirn reagiert sehr intensiv auf Bilder, weswegen auch unterschwellige Werbung so eingängig für uns ist. Je bewusster wir sind, desto besser können wir herausfiltern, was uns manipulieren will, aber ganz verhindern kann es niemand. Das Gleiche gilt übrigens, wenn wir die Gefühlsregungen anderer Menschen mitbekommen. Dadurch wird nämlich das Areal in unserem Gehirn aktiviert, das dieselben Emotionen verarbeitet, sodass wir sie dann selbst empfinden.

Das Gehirn kann also Fiktion, Film, Vorstellung und Traum nicht von der Realität unterscheiden, weswegen die gleichen Hirnareale aktiv werden und die gleichen körperlichen Reaktionen erzeugt werden, was sich natürlich auf deine Gesundheit, Stimmung und Erlebnisrealität auswirkt. Du erlebst, was du denkst. Du erlebst, was du konsumierst. Jeder Gedanke, jede Emotion, jeder Traum manifestiert deine Realität. Also sei dir der Macht deines Gehirns bewusst und nutze seine Kraft. 8000 Gedanken und jeder davon bestimmt, wie du die Welt wahrnimmst und was in ihr passiert.

AUF ZU DEINEM DATE MIT DEM UNIVERSUM

Manifestieren ist aufs Simpelste reduziert der Prozess, deine Wünsche und Ziele in dein Leben zu ziehen, indem du deine Gedanken, Emotionen und Handlungen darauf ausrichtest oder mit diesen – je nach Methode – entsprechende Ereignisse provoziert. Im Grunde kanalisierst du also deine Energien und feuerst sie in das Netzwerk, mit dem alles verbunden ist: das Universum. Und dieses heiß geliebte Universum ist ein großes Ganzes. Also auch wiederum ein energetisches Feld. Nur deshalb können deine Energien überhaupt darin wirken. Frei nach dem Prinzip, dass auf jede Aktion eine Reaktion folgt. Und mit dem Manifestieren richtest du deine Aktionen bewusster aus, um bewusstere Reaktionen zu erhalten. Als würdest du ein Gespräch mit der Person führen wollen, für die du schwärmst. Natürlich bist du dabei bemüht, einen möglichst guten Eindruck zu machen, um an dein Ziel zu kommen: dass diese Person dir genauso verfällt wie du ihr. Ein Geben und ein Nehmen.

Zuerst will ich dir einige liebevoll gemeinte Ratschläge und Möglichkeiten mit auf den Weg geben, wie du dich ganz bewusst mit dem Universum verbinden kannst. Du musst nichts davon vorab machen, du kannst auch direkt in das kalte Wasser der Manifestationstechniken springen. Aber solltest du merken, dass nichts so richtig klappen mag, wird dir das folgende Kapitel auch noch im Nachgang eine große Hilfe sein. Wozu? Damit deine Energien aligned sind. So nennt man das, wenn sie im Einklang stehen. Das wird gern auch als »auf derselben Frequenz oder Schwingung sein« bezeichnet. Irgendwie gibt's dafür ganz viele Umschreibungen, die aber alle eins meinen: Du und das Universum, ihr habt dann voll den Vibe! Und das ist gut für alles: dein Leben, dein Wohlbefinden, deine Magie, deine Manifestation. Also lohnt es sich sehr, die ein oder andere Technik an der Hand zu haben, um genau in diesen Zustand zu kommen. Du verstehst schon, ganz im Sinne des Buchtitels. Aber zu den Manifestationsmethoden kommen wir später. Und keine Sorge: Die Reise soll Spaß machen. Höhepunkte garantiert.

Deine Verbindung zum Universum stärken

MEDITATION. WENN DER WEG DAS ZIEL IST

Beginnen will ich mit der Meditation. Möglicherweise schlafen dir bei dem Begriff gerade die Füße ein. Aber es muss nicht immer die langweilige Tour sein, gerade für Leute, die aus psychischen oder auch motorischen Gründen nicht ruhig sitzen können, gebe ich neben der Piano-Fassung noch drei andere Arten kund, damit du keine Ausrede mehr hast. Das Schöne am Meditieren ist, dass du nicht nur übst, deine Energien zu zentrieren, was immer dann wichtig ist, wenn du sie effektiv auf etwas ausrichten willst, sondern auch deine Gedanken und Gefühle sortierst. Es kommen, während du die Ruhe suchst, auf ganz natürliche Weise immer wieder Themen hoch, die dir aufzeigen, was dich gerade am meisten beschäftigt. Zudem, und das mag dich vor allem interessieren, bauen sich automatisch Stresshormone ab. Stress, ein Dauerzustand in unserer industrialisierten Gesellschaft. Geschürt von hohen Erwartungen, dem Anspruch, immer viel zu schaffen, und dem Bedürfnis, ständig abgelenkt zu werden. Von unseren Problemen, Dramen, unbequemen Emotionen. Leider aber helfen Wegrennen und Verdrängen nur mäßig, stattdessen verstauen wir den Mist in vielen überfüllten Kisten, bis die aus allen Nähten platzen. Wir drehen durch, bekommen Panikattacken, Depressionen, Burn-out und haben einfach keinen Bock mehr. Prävention steht also auf unserer Liste – wir tun was gegen den Stress.

Meditation zeigt dir deine innere Goldgrube

Durch Meditation lernst du, einen Ruhepol zu finden, und das wirkt sich enorm verbessernd auf Ängste, Panikattacken und sogar Angststörungen aus. Auch wenn du dich ständig von Hilflosigkeit und Überforderung begleitet fühlst, ist Meditation der geduldige, große Bruder, der dich an die Hand nimmt.
Auf dem Weg zum Date mit dem Universum ist sie daher ein perfekter Helfer. Forschungen haben dargelegt, dass selbst das Abnehmen mit regelmäßiger Meditation leichter und schneller gelingt. Vor allem, weil man ohne hohe Stresshormonlevel im Körper besser Pfunde verliert, aber auch, weil du durch die geübte Achtsamkeit besser spürst, wann du wirklich Hunger hast, klarer merkst, was du isst, und mehr darauf achtest, was du essen willst.
Zu guter Letzt haben wir auch noch den energetischen Faktor: In der Meditation lernst du, deinen Geist auf genau ein Thema auszurichten, aber eben auch zu entspannen. Ohne Druck, der ansonsten zu genau gegenteiligen Ergebnissen führen könnte. Und auch hier sehen wir wieder klar die Vereinigung der Dreifaltigkeit von biologischen, psychologischen und energetischen Aspekten. Das perfekt aus kleinen Zahnrädern bestehende Uhrwerk unserer Existenz ist minutiös abgestimmt und es müssen immer alle drei Motoren laufen, damit wir in einer perfekten Harmonie leben können. Die Meditation bringt dich dem näher.

METHODE EINS: DER KLASSIKER

Wahrscheinlich geht es dir da ähnlich wie mir, insbesondere wenn du eher zu den neurodiversen Menschen gehörst, welche die Ruhe nicht gerade darin finden, still rumzusitzen. Für viele von uns fühlt sich das eher an wie Folter – aushalten, durchhalten und dann durchatmen, wenn es endlich überstanden ist. Der Einstieg in die ruhige und somit klassische Meditation ist aber für alle recht schwer, weil wir es nicht gewohnt sind. Ruhe. Stille. Kreisende Gedanken. Furchtbar zu ertragen, wenn man nur Trubel und Lärm kennt, ihn vielleicht sogar genießt oder eine gewisse Sucht danach entwickelt hat. Es ist wie mit allen Dingen, die man zu lange konsumiert oder aufnimmt.

Egal also, für welchen Typus Mensch du dich hältst, einige Male solltest du der ruhigen Methode eine Chance geben, um wirklich zu sehen, ob es so gar nicht besser wird. Vielleicht brauchst du nur etwas Zeit zum Eingrooven. Also nicht direkt aufgeben, bevor du es überhaupt probiert hast. Ich weiß, sexy ist die Methode nicht, aber nützlich, wenn du sie meisterst. Sehr nützlich! Lass dir das Potenzial nicht entgehen. Und solltest du nach zwei Handvoll Durchgängen merken, »F@*#!! Scheiß drauf! Das wird nichts!«, dann hast du ja noch Alternativen. Anfangs brauchst du eben, ja, jetzt kommt das böse Wort: Geduld. Furchtbar. Ich weiß. Aber Geduld ist die Grundlage, um in die Stille zu kommen. Und glaub mir, das fällt mir regelmäßig immer noch schwer. Ich hab eben Feuer unterm Arsch und sollte es dir da ähnlich gehen, dann Gratulation! Aber wir haben es nun mal leider immer eine Meile weiter bis zu dieser ominösen Ruhe. Aber wir schaffen das! Und das Geile ist, danach können wir noch viel heller und wilder brennen, weil wir den Tank mit Benzin gefüllt haben. Yay!

Vorbereitung

Bevor wir so richtig loslegen, gibt es ein paar Kleinigkeiten, die du beachten solltest. Damit es möglichst flutscht. Wie Gleitgel für deine Gedanken. Aktiv in die Entspannung zu gehen, ist ja schon ungewohnt genug, also machen wir es uns erst mal gemütlich!

- **Ort vorbereiten:** Es ist wichtig, dass du dich zurückziehst. Weit weg vom Lärm des Alltags, von deinem Partner, deinen Kindern oder wer auch immer die Wohnung sonst so aufwirbelt.

Das Schöne ist, dass es mit Noise-Cancelling-Kopfhörern mittlerweile gut möglich ist, Ruhe zu erzeugen, auch wenn die anderen im Nebenraum immer noch wie wilde Monster alles auf den Kopf stellen. Etwas Vogelgezwitscher oder Walgesänge an und zack, schon sind die ablenkenden Geräusche im Äther verklungen. Tricksen kann, wer tricksen muss. Die absolute Zen-Stille ist eben nicht für jeden möglich. Vor allem nicht, wenn die Nachbarn von obendrüber auf dem Altbauparkett Cha-Cha-Cha tanzen. Wichtig ist nur, dass du deine Tür verschließt und allen Beteiligten sagst, sie sollen dich für die nächsten zwanzig Minuten in Ruhe lassen.

- **Bequem anziehen:** Gerade wir Frauen frieren schnell mal. Da wir gleich eine Weile ruhig sitzen und der Blutfluss nicht aktiv angeregt wird, sollten wir uns noch mal extra in bequeme und vor allem warme Kleidung kuscheln. Körperliche Sensationen wie schleichendes Frösteln sind wirklich keine schöne Sache, wenn du deine Mitte finden willst, und außerdem eine viel zu gute Ausrede für unnötige Unterbrechungen. Vor allem, da wir diese gut vermeiden können. Also: statt sexy lieber weit, mummelig und cozy.
- **Haltung wählen:** An sich kannst du deine Position frei wählen, sofern es nicht gerade die fläzende Schieflage ist. Das wäre einfach etwas ungeil für den Rücken und du willst dir ja auf Dauer was Gutes tun und keinen Haltungsschaden bekommen. Beim Meditieren ist die klassische Sitzposition mit geradem Rücken seit Jahrhunderten die bewährte Körperhaltung schlechthin. Wenn du richtig fesch bist, machst du es im Schneidersitz, oder noch krasser: im Lotossitz. Aber aufpassen, wenn du nicht gerade sehr beweglich bist, wird der schnell unbequem, also lass es langsam angehen. Du musst niemandem etwas beweisen und wir machen hier ja jetzt auch erst mal kein Yoga. Auch wenn der Lotossitz tatsächlich genau daher stammt. Wie alles kann man auch den Lotossitz und seine Wirkung in die Dreifaltigkeit aufsplitten: Physisch stärkt er den Rücken und die Bauchdecke und dient damit dem

Schutz aller inneren Organe, psychisch hält er deinen Geist in der Position aufmerksam, da du so kaum müde werden kannst, und energetisch aktiviert er gleich drei Chakren, das Wurzelchakra, das Sakralchakra und das dritte Auge. Gerade Letzteres ermöglicht dir eine klare Sicht auf die Energien, das bessere Führen deines Fokus und somit auch ein leichteres Manifestieren auf kurz oder lang.

Nun geht's los

Sopsala, jetzt hast du erst mal die Grundfesten gelegt. Klingt einfach, klingt gut. Ist bisher noch gar nicht so schwer, oder? Aber nun geht es los, die Fahrt in dein Innerstes beginnt. Ja, für viele erst mal beängstigend. Aber stell dir einfach vor, in deiner Herzmitte ist eine stürmische Energiekugel, auf die du zureisen möchtest, und die Wellen von Gedanken und Emotionen, die dir dabei begegnen, sind die Prüfungen, denen du entgegentreten musst. Und wenn du es dann endlich schaffst, ins Auge des Sturms zu schippern, wartet dort die erlösende Stille. Erschöpft, sogar erleichtert schmeißt du dich in den Sand. Um dich siehst du den tobenden Sturm, deine pure Energie, die du endlich kontrollieren kannst. Und wenn du hochblickst, siehst du das Universum, so schön mit Tausenden von Sternen, Farben und Verwirbelungen, die dich begrüßen. Wo vorher nur stürmische See war, ist jetzt alles so klar und leicht zu erreichen. Von hier aus kannst du deine Energien endlich deutlich spüren und sie nach oben ausrichten, um dich mit dem Universum zu verbinden. Dein Wille geschehe, wie im Himmel, so auch auf Erden.

Klassische Meditation: So geht's

Schritt eins: Wecker stellen

Als ideal werden von vielen fünfzehn Minuten am Tag angesehen. Diese sind zumeist machbar, nicht zu lang, sodass es den ganzen Tagesplan umwerfen würde, und auch nicht zu kurz, um danach entsprechend aufgetankt zu sein. Sollte es dir am Anfang zu viel an einem Stück sein, hilft es, das Ganze in drei Teile aufzusplitten und dazwischen jeweils eine Minute Pause zu machen. In dieser Pause kannst du kurz aufstehen, dich ausschütteln, was trinken und alles, was sich im Prozess der Stille komisch anfühlt, einmal abwerfen. Das Schöne ist, dass du dadurch automatisch viel aufmerksamer wirst. Dir selbst gegenüber, aber auch gegenüber kleinsten Veränderungen in deiner Umgebung. Und hypersensible Menschen, die ja von Natur aus schon viel mitbekommen (meist zu viel, weswegen sie sich immer ausgelaugt fühlen), lernen so endlich, Klarheit in ihre natürliche Fähigkeit zu bringen. Das hilft enorm, das Gefühl des Ausgeliefertseins in eine Form von Bewusstwerdung und Kontrolle umzuwandeln. Stell dir also dein Handy oder einen Wecker auf fünfzehn oder dreimal fünf Minuten.

Schritt zwei: Körperhaltung justieren

Nun wird es ernst. Setz dich hin, auf den Boden oder einen Stuhl, die Wirbelsäule schön gerade aufrichten, das Kinn leicht geneigt zum Brustkorb, dabei die Schultern locker nach hinten fallen lassen und die Hände schön entspannt auf die Knie legen. Es muss jetzt nicht das klassische *Om* folgen, in dem die Hände entsprechend gefaltet werden, nö, einfach gerade sitzen, gut für den Rücken und der Rest locker-flockig. Klingt so banal, aber versuch das mal fünfzehn Minuten am Stück, wenn du es noch nie gemacht hast. Auf einmal spürst du alles an deinem Körper sehr intensiv und schnell wird klar, wieso eine entspannte Haltung so wichtig ist.

Schritt drei: Atmung kontrollieren

Jetzt startest du deine eigentliche Meditation. In den kommenden fünfzehn Minuten solltest du wirklich mal versuchen, dich nur auf deine Atmung zu konzentrieren. Erst mal gar nicht so einfach, obwohl es so dämlich leicht klingt. Deine Atmung ist bei der Meditation ein Hilfsmittel, um den Körper in die Ruhe zu führen und den Geist dabei auf einen stabilen inneren Fokus auszurichten. Und das mag der wirre, chaotische, dramasüchtige Geist so gar nicht. Immerhin lebt er von Hektik. Glaubt er. Langeweile fühlt sich daher für ihn an wie Sterben. Überzogen ausgedrückt. Aber wer ist heutzutage in so einer schnelllebigen Welt nicht theatralisch? Wenn du also merkst, dein Geist will wie ein Eichhörnchen auf Speed zur nächsten körperlichen Sensation rennen, kloppt dir einen trivialen Gedanken nach dem anderen rein, dann lass ihn. Besinne dich einfach bewusst wieder auf deine Atmung. Spüre, wie der Atem durch deinen Körper zieht, fühle ihn nach. Versuch immer wieder, alle aufkommende Anspannung loszulassen. Die Anspannung im Kiefer, in den Zehen, in den Brauen. Überall. Entspanne bewusst einzelne Muskelgruppen.

Schritt vier: Gedanken ziehen lassen

Du wirst nicht drum rumkommen, dass dir das nervöse Eichhörnchen in deinem Kopf Gedanken wie Nüsse zuwirft. Es will unablässig beschäftigt werden und dein Gehirn will arbeiten. Das fleißigste Organ. Immer betriebsam. Darum wird sich das Meditieren am Anfang auch wie ein Kampf anfühlen. Aber glaub mir, mit der Zeit werdet ihr schon zueinanderfinden, um dann endlich in die richtige Richtung zu laufen. Bis dahin ist es eher wie Seilziehen und das ist vollkommen okay.

Verhalte dich einfach wie ein innerlicher Beobachter deiner Situation. Stell dir vor, du wärst in einer Kunstausstellung als Bürgermeister der Stadt oder so etwas. Du musst also erhobenen Hauptes an den Ausstellungsobjekten vorbeiziehen.

Manche wirken abstrakt, unstrukturiert, gar nicht dein Geschmack, sinnlos sogar. Dennoch würdigst du sie kurz eines Blickes. Sie sind da, sie haben deine Aufmerksamkeit verdient. Dann ziehst du ganz natürlich weiter zu den großen Bildern, die dich in ihren Bann ziehen, dich beschäftigen, aber du weißt, du hast keine Zeit, auch ihnen darfst du nur einige Sekunden widmen. Der Fairness halber. Du bist nur ein Beobachter, nicht der Aussteller. Du sollst nicht umhängen, nicht interagieren, nicht hinterfragen. Mit jedem Raum in der Ausstellung wirst du immer weniger von den bunten Farben und den leuchtenden Lichtern abgelenkt. Aber du musst dich eben erst mal daran gewöhnen. Und das schaffst du am besten, wenn du dich immer wieder daran erinnerst, weiterzulaufen. Denn wie so oft ist auch bei der Meditation der Weg das Ziel. Denn der Weg bringt die Ruhe.

Schritt fünf: Langsame Rückkehr

Nach einem langen Gang durch dein Innerstes vergeht die Zeit entweder ewig gar nicht oder ganz schnell. Irgendwas dazwischen ist eigentlich nie der Fall. Deine Meditation neigt sich dem Ende. Der Wecker macht seinen Ton. Lass deine Aufmerksamkeit langsam in deinen Körper fließen, spüre die Energie, die sich dabei wieder bewusst in dir verteilt, weil du es erlaubst. Schüttle Arme und Beine aus, strecke dich, atme tief ein und gib ein paar erleichternde Geräusche von dir. Alles, um den frisch betankten Motor nun endlich hochzufahren. Dafür darfst du dir gern ein paar Minuten nehmen. Ich persönlich mache danach meist noch ein paar Dehnungsübungen, um meinen Körper wieder zu spüren und weil man durch Unbeweglichkeit als allererstes merkt, dass man alt wird. Und darauf hat doch niemand wirklich Bock. Also nutze die Gunst der Minute!

PROBLEME UND LÖSUNGEN

Es gibt eine Handvoll an Sorgen und Gedanken, die viele gerade beim klassischen Meditieren haben. Oft hat man ohne Erfahrung eben doch die Befürchtung, irgendwas falsch zu machen. Deswegen lass uns mit einigen kleinen Randnotizen noch ein paar unnötige Ängste aus dem Weg räumen. Es sind hilfreiche Tipps für alle Formen der Meditation und sie können entsprechend von dir adaptiert werden.

Einschlafen

Es kommt gelegentlich vor, dass dir ein Körperteil einschläft. Zum Beispiel die Beine. Vor allem dann, wenn die Position doch nicht so optimal geeignet ist, wie du vielleicht dachtest, weil die Nervenbahnen abgedrückt werden. Dann solltest du das nächste Mal lieber eine andere Haltung ausprobieren.
Einschlafen kann aber nicht nur bei den Körperteilen passieren, sondern generell, vor allem, wenn du dich für eine liegende Position entscheidest. Darum wird meist zu einer sitzenden geraten. Solltest du einschlafen, betrachte das als etwas Schönes. Ich persönlich finde es großartig, wo doch die meisten Menschen enorme Probleme haben, einzuschlafen, weil bei ihnen stundenlang die Gedanken kreisen, bevor sie dann vor Erschöpfung endlich in die Welt der Träume reisen. Feier es also als einen Erfolg der maximalen Entspannung!

Anderer Fokus

Wenn das mit dem Ziehenlassen der Gedanken so gar nicht klappt oder das mit dem Augenschließen für dich am Anfang generell unangenehm sein sollte, kannst du auch einen Gegenstand, den du interessant findest, vor dich platzieren. Eine Kerze wäre ganz klassisch. Betrachte sie und nutze sie als deinen energetischen Anker, der dich immer wieder zurückholt, solltest du zu sehr abschweifen.

Eine andere Methode wäre es, wenn du statt des Sehsinnes das Fühlen nutzt und immer wieder bewusst Muskelgruppen anspannst und dann entspannst. So trainierst du dein Körpergefühl und hast eine aktive Ablenkung gegenüber den querschießenden Gedanken.

Gefühle

Es kann bei einer Meditation passieren, dass Gefühle hochkommen, bei denen du erst mal gar nicht weiß, aus welchen Tiefen sie gerade gekrochen sind. Das erlebe ich auch oft, wenn ich mit jemandem energetisch arbeite und sein ganzes System einmal von allen Anhaftungen, eigenen und fremden, befreie. Denn dann hat die Seele endlich Zeit, sich tieferen Themen zu widmen, die vorher unter Müll vergraben waren. Hab also keine Angst davor, denn das ist eine grandiose Chance, endlich die Dinge aufzuarbeiten, die dich schon seit ewigen Zeiten belasten und energetische Blockaden verursachen.

Genau diese vergrabenen Gefühle sind die Bremsen in deinem Leben, in deiner Charakterentwicklung, deinem energetischen Wirken und somit deiner Fähigkeit, dein Leben durch Manifestation besser zu steuern. Wir alle haben solche Themen, nur manche arbeiten sie bewusst auf und erschaffen aktiv einen Raum, damit sie sich zeigen können. Und andere rennen ein Leben lang davor weg. Dafür ist die Hektik des Alltags ideal, denn sie kaschiert, retuschiert, maskiert alles, was sich darunter verbergen lassen kann. Also eine ganz schöne Menge. Vor allem eine Menge Scheiße.

Zu fühlen, in all den möglichen Facetten, in der ganzen Intensität von Schmerz bis purer Freude, ist ein Geschenk. Ein Geschenk, was es anzunehmen gilt. Aber viele flüchten davor, denn die Angst vor etwas, das wir nicht kennen, das wir nicht kontrollieren können, ist größer als die Abneigung gegen das stumpfe Gefühl des Betäubtseins oder das stechende Gefühl des Schmerzes. Denn selbst den Schmerz nehmen wir lieber als die Ungewissheit. Das beängstigende Nichts, bei dem wir nicht wissen, was sich dahinter verbirgt. Aber deine Emotionen sind dein größter Schatz und du wirst sie in diesem Buch noch nutzen lernen. Du wirst gerade vorbereitet, meine Regenbogenmethode bestmöglich nutzen zu können.

Eine Routine etablieren

Niemand hat uns jemals ins Gesicht gesagt, was jeder wissen müsste: Entspannung ist Arbeit. Klingt paradox, aber alles, was noch ungewohnt für uns ist, ist genau das, bis wir unsere Beziehung dazu ins Positive verändert haben. Und dann nennen wir es Routine. Um also eine Meditationsroutine aufzubauen, hilft es, diese Aktivität morgens in deinen Alltag zu implementieren. Morgens bist du emotional und gedanklich noch frisch, im Reset, bevor die Gedanken und Fremdenergien der Leute um dich herum an dir zerren. Abends fällst du meist wie ein ausgeleierter Kaugummi ins Bett, um dich dann des Nachts langsam wieder zusammenzuziehen. Die Wahrscheinlichkeit, abends dann doch nicht zu meditieren, ist am Anfang also viel größer. Dann heißt es: Ach, ich mach es morgen, heute bin ich sooo k. o. Und zack, ist schon wieder eine Woche um.

Es geht gar nicht um Perfektion. Ich weiß, du willst es entweder ganz oder gar nicht machen, nicht wahr? Sonst hat es ja keinen Sinn. Falsch. Genau dieses Mindset hält dich davon ab, irgendetwas Neues zu erlernen und in dein Leben zu integrieren. Etwas überhaupt zu machen, egal wie schlecht und halbherzig, ist immer noch zig Mal besser, als es gar nicht zu tun. Sobald Routine drin ist, wird es nämlich leichter. Also tricks dich aus. Es reicht ja schon, wenn du es in der ersten Woche nur fünf Minuten am Morgen machst. Fünf Minuten hat man immer, oder? Genau. Und dann steigerst du dich ganz entspannt und irgendwann bist du bei den berüchtigten fünfzehn Minuten angekommen und hast schon längst Routine darin. Wenn du von heut auf morgen direkt versuchst, jeden Tag fünfzehn Minuten in deinen Alltag zu kloppen, dann ist das Risiko sehr hoch, dass du es genervt ganz sausen lässt. Tu dir also selbst den Gefallen und geh es entspannt an. Liebevoll. Das hier ist eine zärtliche Begegnung mit dir selbst, kein hektischer Seitensprung im Fahrstuhl.

Geduld

Es gibt ungeduldige Menschen. Ich gehöre dazu. Und so richtig, egal wie und was ich auch mache, wirklich zur Grundfeste meiner Persönlichkeit wird Geduld wohl nie gehören. Aber es wird dennoch besser. Auch ein Mensch wie ich wird ruhiger. So auch du. Es gibt Menschen, die haben von Natur aus den Zen weg, die bringt nichts aus der Fassung, die gehen stoisch ohne große Turbulenzen ihren Weg. Aber das sind Charaktereigenschaften, die bei jedem anders sind. Wenn du so wie ich eher zu den aktiveren Menschen gehörst, mit anderen Stärken und der Schwäche der Hektik, dann glaub mir, wir können das lernen. Bis zu einem gewissen Grad. Dennoch, finde ich, sollte man bei einem gesunden Umgang mit sich selbst auch akzeptieren können, dass man eben manchen Menschen in diesem Punkt nie das stille Wasser reichen kann. Und das ist okay.

Aber gerade uns aufgekratzten, betriebsamen Typen tut es umso besser, unseren Arsch mal fünfzehn Minuten in Stille auf den Boden zu tackern. Wir brauchen es am allermeisten. Wir, denen es am schwersten fällt. Genau deswegen! Und es wird eine Ruhe einkehren. In dir. Nicht unbedingt in deinen Handlungen, nicht in deinem Ansporn, nicht in deiner Kreativität – das wollen wir ja auch gar nicht. Aber eben in der Struktur, mit der du diese Dinge fühlen, umsetzen und angehen kannst. Wir werden immer die Wilden bleiben. Und das ist gut so. Wir sind gut so. Du bist gut so. Mach dir daraus nicht auch noch Stress. Das ist unnötig! Es muss alle Variationen an Menschen geben, um die Aufgaben zu verteilen, die das Universum für uns vorgesehen hat, damit wir eine bessere Welt erschaffen können. Gemeinsam.

Der Medi-Quickie für busy bees!

Du hast nicht viel Zeit und willst in einer kleinen Pause dennoch mal schnell einen Quickie reinschieben? Einfach weil es sonst heute wahrscheinlich nichts wird? Dann keine Ausreden! Hier ein Lösungsansatz, den du schnell im Sitzen umsetzen kannst. Augen zu und Konzentration auf die Nasenatmung, die in buddhistischen und hinduistischen Praktiken heißt geliebt wird. Atme dabei dreimal über die Nase ein und langsam durch den Mund wieder aus. Gut ist, wenn du beim Einatmen bis vier zählst und beim Ausatmen bis acht. Nach den drei Atemzügen atmest du dann nur noch über die Nase – für fünf Minuten. Ganz bewusst. Und das war's schon. Durch die Konzentration auf diese spezielle Atmung und die Kontrolle des Sauerstoffs fühlt sich danach dein Kopf viel freier an und deine Nase vielleicht auch.

METHODE ZWEI: DAS ZWISCHENDING

Jetzt kommt eine Methode, die ich selbst wertschätzen gelernt habe. Man setzt sie auch ganz gern in der Psychotherapie ein. Und die hat mir in meinem Leben, genauso wie die Spiritualität, als Teil meiner ganzheitlichen Heilung enorm geholfen. Diese Form der Meditation wird auch Bodyscan genannt und kommt aus dem Bereich der Achtsamkeit. Dabei lenkst du nach und nach dein Bewusstsein auf alle Regionen des Körpers und nimmst alle dabei aufkommenden Gefühle und Gedanken dankend an. Dies ist jedoch nur dann möglich, wenn du sie zwar wahrnimmst, aber nicht beurteilst.

Das Schöne an einem Bodyscan ist, dass er dir mit jedem Mal mehr dabei helfen wird, die Signale deines Körpers deutlicher wahrzunehmen und besser zu verstehen, was letztendlich zu einer einnehmenden Ruhe führt. Eine schöne Chance also, bärige Gelassenheit zu erlernen, wie es Balu schon Mogli lehrte. Die Vorbereitungen einer Meditation kennst du ja schon, die ändern sich hierfür auch nicht. Legen wir also gleich los.

Bodyscan

Schritt eins: Wecker stellen

Am Anfang solltest du dich für einen kurzen Bodyscan entscheiden, das reicht vielleicht nur für ein oberflächlicheres und somit schnelleres Einfühlen in die einzelnen Regionen, was aber erst mal auch ausreichend ist. Ein ausführlicher Bodyscan kann nämlich auch mal gut und gern eine Stunde in Anspruch nehmen, wenn du wirklich alles in Ruhe wahrnehmen willst. Also stell deinen Wecker auf eine für dich angenehme und machbare Zeit.

Schritt zwei: Hinlegen

Im Gegensatz zur klassischen Meditation wird der Bodyscan vorzugsweise im Liegen durchgeführt, auf bequemem Grund. Es geht also auch im Bett, im Schlafanzug, perfekt, um danach direkt ins Reich der unbegrenzten Möglichkeiten einzutauchen. Nimm mit deiner Wirbelsäule eine gerade, aber entspannte Haltung ein, leg die Arme locker neben deinen Oberkörper, die Beine leicht auseinander. Dann schließ deine Augen und hol dreimal ganz konzentriert Luft. Langsam einatmen, kurz halten, langsam ausatmen, kurz halten. Wiederholen. Nimm dabei zuallererst wahr, wie sich deine Bauchdecke hebt und senkt.

Schritt drei: Kontrolle abgeben

Das ist der wichtigste und für alle Kontrollettis der schwerste Schritt. Keine Sorge, ich bin auch ein kleiner Kontrolletti, ich fühle dich also. Loslassen heißt hier nicht, zwanghaft deine Gedanken zu lenken oder krampfhaft alles richtig zu machen. Du sollst spüren, was in dir abgeht, aber eben ohne Bewertung deinerseits. Das ist nämlich der absolute Killer. Klar, es können Gefühle hochkommen, schöne, schlechte, und gerade bei Letzteren willst du wissen, wieso. Aber darum geht es jetzt grad gar nicht. Lass sie einfach sein. Akzeptanz ist hier der Punkt, um den sich die Sonne dreht. Ein wichtiges Gut, das du dadurch erlernst und das dir auch künftig sicher ab und zu die nötige geistige Abkühlung bringen wird, statt dass du direkt reaktiv handeln musst, wenn du dich mal wieder in einer Situation unwohl fühlst.

Schritt vier: Aufmerksamkeit lenken

Nun hast du den ersten Schritt getan. Der Fokus liegt gerade noch auf deiner Brust. Du weißt schon, wegen der Atemzüge. Von hier willst du aber nun zu deinen Füßen, damit du deinen Körper strukturiert und gezielt durchfühlen kannst. Konzertiere dich also auf einen deiner Füße. Arbeite dich durch von der Fußsohle zu den einzelnen Zehen, dem Fußrücken, die Seiten hoch bis zum Knöchel. Mit jedem Atemzug lässt du den Fuß weiter entspannen, tiefer sinken. Vielleicht fühlt er sich schwer an, wird warm oder beginnt zu kribbeln.

Erkunde deinen Körper im Detail. Nimm dir Zeit, jede deiner Fasern zu spüren. In diesem Stil gehst du weiter voran. So ziehst du von Körperteil zu Körperteil weiter nach oben. Wade, Schienbein, Knie. Dort hältst du mit dem Atem kurz inne, spürst die einzelnen Sehnen und das Gelenk und atmest weiter tief ein und aus. Dann wanderst du weiter, zu den großen Muskelgruppen: dem Oberschenkel, dem Po, dem Genitalbereich. Hast du auch diesem Areal genügend Aufmerksamkeit zugestanden, wiederholst du das Ganze mit deinem anderen Bein. Danach folgen Bauch, der untere Rücken mit dem Ischias. Wie ist es, sich auch in diesem so empfindlichen, aber immerzu belasteten Bereich mal tief zu entspannen? Nach vielen Atemzügen und sanftem Nachfühlen schreitest du voran bis in den Oberkörper. Durch alle Organe hindurch, über das schlagende Herz, was oftmals verschiedenste Emotionen auslösen kann. Liegen doch hier die Energien von Geben, Nehmen, Heilen, Lieben und Sich-verbunden-Fühlen.

Spür deine Schlüsselbeine, die Schultern, bevor du in die Arme wanderst: Oberarme, Ellbogen, Unterarme und dann jeden einzelnen Finger inklusive Handrücken und die empfindlichen Handflächen. Sie greifen, halten, geben, nehmen, unterstreichen. Während das Herz fühlt, geben die Hände den Ausdruck dessen weiter.

Inzwischen dürftest du schon tief in deinem Bett versunken sein. Spür nun deinen Nacken, deine Kehle, den Kiefer, den wir viel zu oft verkrampfen. Deine Zähne, die Zunge, rümpfe die Nase. Spüre deine Wangen, die Augen, die Brauen, die oft noch starr gehalten werden. Die Stirn, deine Ohren, hoch bis zum Scheitel.

Schritt fünf: Langsame Rückkehr

Vielleicht schläfst du ein und gibst die Kontrolle so vollends ab, lässt den Autopiloten laufen und schickst alle Sorgen bis morgen fort. Oder aber du weckst deinen Körper sanft. Dafür beweg deine Finger und Zehen leicht, sodass sie wieder wach werden. Streck deine Gliedmaßen, gähne, komm wieder langsam zurück. Lass deine Fingerkuppen wie Regentropfen über deine Kopfhaut prasseln. Hier bietet es sich an, das Erwachen mit ein paar schönen Worten zu verstärken: »Ich bin glücklich, am Leben zu sein, und fühle mich zutiefst mit dem Universum verbunden. Es weist mir den Weg und ich gebe meine Impulse so klar hinein, dass sich mir alle Möglichkeiten eröffnen werden, die ich erstrebe.« Tadaaaa. Dann erhebst du dich langsam, bringst deinen Körper wieder in Wallung, dehnst und streckst die Gliedmaßen etwas und kommst wieder im Hier und Jetzt an. *Hallo, du schöne Seele!*

METHODE DREI: DIE WILDE LUZI

Auch wenn ich den Bodyscan liebe, weil er so viel freilegen kann, ist er mir manchmal zu langatmig oder auch zu intensiv. Intensiv insofern, als ich psychisch dafür bereit sein muss, was ich eben nicht immer gewährleisten kann. Als Mensch, der sein halbes Leben in die Rekonstruktion einer demolierten Psyche gesteckt hat und somit auch in das Wiederaufbauen des energetischen Systems, habe ich mittlerweile ein ziemlich gutes Gefühl dafür, wann was für mich geeignet ist. Diese liebevolle Rücksichtnahme dir selbst gegenüber ist endlos kostbar und wird sich nach und nach automatisch ausbauen, wenn du den Tipps, Gedankenanstößen und Methoden in diesem Buch mit Liebe und Begeisterung nachgehst. Die Veränderung wartet schon in all ihrer Intensität auf dich.

Und damit es auch intensiv bleibt, möchte ich dir jetzt noch eine sehr wilde Form der inneren Reise vorstellen. Eine Form der Meditation, die für viele als solche vielleicht erst mal gar nicht erkennbar ist. Sie ist besonders gut für Menschen mit Konzentrationsschwierigkeiten oder ADHS geeignet, ebenso für Menschen, die aufgrund von Ängsten nicht lange still sitzen oder nicht gut die Augen geschlossen halten können. Diese Meditationsmethode kann dir auch helfen, angestaute Energien in deinem Körper zu lösen und wortwörtlich wegzutanzen.

Wilde-Luzi-Meditation

Schritt eins: Fühl dich frei!

Du hast schon einiges über die Vorbereitungen gelernt – das kannst du jetzt alles über den Haufen werfen und den beliebten Timer werfen wir ebenso hinterher. *Es lebe das Chaos!* Du hast jetzt zwei Möglichkeiten: Kleide dich in geilen und dennoch halbwegs bequemen Fummel und zisch ab in die Disse oder aber hüpf in den Schlabberlook rein, schmeiß deine Lieblingssongs ein und dreh die Musik in deiner Butze ordentlich auf.

Schritt zwei: Abzappeln!

Hier geht es nicht um Schönheit, hier geht es um Ausdruck. Was fühlst du? Tanz es dir aus der Seele, springe zwischen zappeligen wilden und gleitenden, sanften Bewegungen. Wenn du daheim bist, roll über den Boden, mime die theatralische Backgroundtänzerin. Es ist wirklich scheißegal, verführe dich selbst zu einer hemmungslosen Tanzorgie. Du darfst ins schwere Atmen kommen, du kannst dich umherwirbeln, zittern, schlurfen. Nichts ist Tabu.
Kennst du dieses Gefühl, wenn du die Augen schließt, die Musik in dein Herz lässt, sie so richtig spürst und dich einfach mitbewegst? Du kommst in eine Art Trance, die auch ganz ohne Drogen funktioniert. Es ist das Sichgehenlassen, Sichziehenlassen, Hineinbewegen, Zerfließen. Nichts zählt außer das Jetzt und jeder Impuls. Keine Scham, deine Emotionen auf dem Parkett zur Schau zu stellen. Es geht nicht um Schönheit und Können. Es geht um dich, mit jeder Faser deines Körpers. Wortwörtlich. Das ist Therapie für die Seele.

Schritt drei: Durchhalten!

Nach einigen Minuten wird es vielleicht anstrengend, dann mach erst mal ruhigere Bewegungen. Aber gib noch nicht nach, fühle diesen kleinen Punkt, wenn aus der Erschöpfung eine Art Erleichterung wird. Wenn du abhebst, wenn die Trance kommt. Der Kopf schaltet aus, der Körper übernimmt, die Meditation startet. Geh dem Gefühl so lange nach, wie es sich gut anfühlt. Du sollst dich natürlich nicht übernehmen, aber genau diese Zwischenzone, zwischen Körpergefühl und Gedankenwelt, das ist der sweet Spot der Trance.

Schritt vier: Geschmeidigkeit walten lassen!
Führe dich selbst sachte heraus, mit schleichenden, langsamen Bewegungen, bis dein Atem immer ruhiger wird, deine müden Lider alles um dich herum wieder scharf stellen und du langsam in die physische Welt zurückfindest. Genieße das Ausschleichen. Fühle nach, in dich hinein, wie erfrischt du bist, wie glücklich, wie verbunden.

METHODE VIER: MANTRA-MEDITATION

Beim Mantra, insbesondere im Kontext mit Meditation, denken viele sofort an das klassische »Om«. Dabei handelt es sich um eine heilige Silbe aus dem Sanskrit. Eigentlich wird es »Aum« geschrieben, es beginnt und endet dabei mit dem Anfangs- und dem Endbuchstaben des Sanskrit-Alphabets. Die Silbe steht für das große Ganze und das universelle Sein. Seine drei Buchstaben werden als Metaphern für die drei üblichen Bewusstseinszustände verstanden: Wachen, Träumen und Tiefschlaf. Dazu kommt jedoch noch ein vierter Zustand: die Stille. Letztlich steht aber hier diese Dreifaltigkeit im Raum, von der ich so oft predige – die Einheit von Körper (physisches Sein), Geist (psychisches Sein) und Seele (energetisches Sein).

Es muss aber gar nicht »Om« sein, wenn du dich über Mantras mit dem Universum verbinden willst. Viel besser noch wäre es, wenn du deine eigenen Mantras erstellst. Dafür schnappst du dir einen Stift und ein paar Karteikarten und schreibst all die positiven Dinge, all die schönen Sätze auf, die du entweder schon wahrhaftig so empfindest oder so empfinden möchtest. Wie du in deinem Leben unschwer erkennen kannst, denkst du immer – ob beim Meditieren, beim Schlafen in Form von Träumen oder weil du konzentriert versuchst, die Wurzel von 133 herauszubekommen. Letztlich ist dein Verstand immer in Aktion, ob du willst oder nicht. Darum manifestierst du auch immerzu. Jeder Gedanke ist ein neuronaler Impuls, eine Energie, die du hin- und herschiebst und mit der du auch immer etwas auslöst.

Mit der Mantra-Meditation trimmst du dein Denken aber nun auf positiv – in genau die Richtung, die du willst. Darum ist diese Methode besonders gut für Menschen mit ADHS geeignet, denn diese neigen stark dazu, kritisch sich selbst gegenüber zu sein. Das liegt vor allem auch daran, dass ihnen von der Normgesellschaft im Grunde immerzu gesagt wird, sie seien nicht gut genug, nicht richtig, ihre Art zu denken und somit zu sein weicht zu sehr von der Norm ab und ist entsprechend unerwünscht.

Das Schöne am Meditieren ist für diese Menschen vor allem, dass es mit der Zeit und der Übung ihren präfrontalen Kortex stärkt. Das ist der Teil des Gehirns, der Denken, Fokus und Planung ermöglicht und auch an der Impulskontrolle beteiligt ist. Zudem erhöhen Mantras und Meditation allgemein den Dopaminspiegel, der gerade bei ADHS-Gehirnen oft recht niedrig ist. Aber egal ob ADHS oder nicht, für alle ist es gut, den inneren Kritiker in eine sachte, weiche und konstruktive Form eines inneren Fürsprechers umzuwandeln. Immerhin denken wir so oft schlecht, insbesondere über uns selbst, dass wir ganz aktiv und bewusst dagegen vorgehen müssen. Um einen Ausgleich schaffen zu können.

Deine Mantra-Medi

Nimm dreißig Karteikarten und schreib Sätze auf, die das sagen, was du willst. Sie könnten wie folgt lauten:

- Ich bin dankbar für die schönen Momente in meinem Leben.
- Alles, was ich fühle, hat seine Daseinsberechtigung.
- Ich liebe meinen Körper und fühle mich wohl.
- Mein Leben ist voller spannender Impulse.
- Ich habe es verdient, glücklich zu sein.
- Ich bin stolz auf meine Leistungen.
- Ich bin liebenswert.
- Ich bin zuverlässig.
- Ich bin genug.
- Ich bin frei.

Jeder hat andere Themen, Bedürfnisse, Wunden. Passe die Sätze entsprechend an. Wenn du deine Kärtchen fertig hast, setz dich bequem auf deinen Popo, schmeiß den Timer an, vielleicht erst mal mit fünf Minuten, und geh all diese wundervollen Mantras durch, die du in den Tiefen deines Herzens schon immer hören wolltest. Lies sie dir langsam und laut vor. Wenn du vor der Zeit fertig bist, liest du sie so oft neu, bis die Zeit um ist. Misch die Karten immer mal wieder durch. Sprich in sanfter Stimme und sei dir dabei selbst die beste Freundin. Keiner kann dich jemals so gut, effektiv und in den Tiefen heilen wie du selbst. Nur du kennst deine wahren Abgründe und kannst dir selbst die Hand reichen, um dich mit schönen Gedanken, Gefühlen und Energien zu erfüllen. Mit deiner Mantra-Meditation kommst du dem schon einen großen Schritt näher.

DAS GESPRÄCH SUCHEN

Meditation ist nicht der einzige Weg, die Verbindung zum Universum zu vertiefen. Und manchmal reicht es auch nicht, im Inneren dieser Verbindung nachzuspüren und sie wieder klar und fühlbar zu machen, manchmal brauchen wir auch einen Impuls im Außen. Dann lohnt es sich beispielsweise, wenn du das Gespräch suchst. Wie bei jeder guten Beziehung ist Kommunikation das A und O und sich beleidigt anschweigen, weil es nicht so läuft, wie du es dir vorstellst, hilft nur wenig. Die beliebteste Gelegenheit, mit dem Universum ins direkte Gespräch zu kommen, ist eine klare Sternennacht. Insbesondere weil unser Geist das energetische Universum wortwörtlich mit dem Universum, das unsere Erde umgibt, gleichsetzt. Das ist nicht verwunderlich, da es ja in derselben feinstofflichen Frequenz pulsiert, wie es unsere Körper, Gedanken und Neuronen tun. Jedes Atom bewegt sich, alles ist miteinander verbunden. Dein Herzschlag und dein Atem tragen Impulse bis in das kleinste Teilchen des sich immer weiter ausdehnenden Kosmos hinaus.

Die Faszination und Tiefe, die fast schon mystisch anmutende Verbindung, die du spürst, wenn du in die klare Sternennacht schaust, wenn eine Sternschnuppe über dich hinüberzieht, sich dir Sternenkonstellationen oder die Milchstraße offenbaren – all das zeigt dir auf, wie tief du eigentlich mit allem verwoben bist. Wusstest du, dass auch du aus Sternenstaub bestehst? Wenn wir in diese Thematik mal hineinschauen, ist dieses eigentümliche Gefühl nicht weiter verwunderlich. Denn wenn wir uns den Urknall, die Entstehung unserer Realität anschauen, wird einiges klar wie Kloßbrühe, wie Oma sagen würde. Alles besteht aus Atomen und daraus zusammengesetzten Molekülen. Die wohl essenziellsten der Erde und somit vom Leben, soweit wir es bisher kennen, sind Wasserstoff, Sauerstoff und Kohlenstoff. Es gibt sie seit Jahrmillionen, sie haben die Zeit unbeeindruckt von allen Veränderungen und Einflüssen überdauert. Die

Atome wabern also schon seit Urzeiten als Staub durch das Universum, bis sie sich mit anderen Atomen zusammentun und neue Sterne sowie Planeten bilden. So entstand auch unsere Erde und infolgedessen auch wir. Du. Du bestehst aus Sternenstaub.
Und dann haben wir noch den Mond, an den sich viele gern wenden, wenn sie das Gespräch mit dem Universum suchen. Der Zyklus des Monats, Ebbe und Flut, die enorme Auswirkung, die er auf die Erde hat, ist unumstritten, aber auch auf spiritueller Ebene zieht er die Menschen seit jeher in seinen Bann. Der Mond steht für das Unterbewusste, für das tiefe Sein, für die Intuition, die Mystik und die Faszination unsichtbaren Kräften gegenüber, die sich so klar auf unserer Erde manifestieren.

Dein Gespräch mit dem Universum

Setz dich an einer klaren Nacht ans Fenster und schau in den Sternenhimmel. Ein Spaziergang im nahe gelegenen Park, dessen Dunkelheit dich den Mond und die Sterne sehen lässt, ist eine gute Alternative. Nimm eine entspannte Haltung ein. Eröffne das Gespräch, wie du es mit einer Person auch tun würdest, sanft und entspannt. Zum Beispiel:
»Liebes Universum, ich würde gern mit dir reden. Aktuell fühle ich mich etwas gestresst, es läuft nicht so ganz, wie ich es mir wünsche, und ich habe echt versucht, meinen Ruhepol zu finden. Aber es klappt nicht so wirklich. Irgendwie habe ich Angst, dass du mich vergessen hast. Ich weiß, du hast sicherlich viel mit allen anderen zu tun, aber da wir alle verbunden sind, dachte ich, vielleicht wäre es möglich, wenn du mir die kommenden Tage ein kleines Zeichen senden könntest.
Nur dass ich Bescheid weiß. Ich weiß, momentan ist es kalt draußen, aber ich mag Schmetterlinge sehr, könntest du mich vielleicht einen sehen lassen? Einfach, dass ich weiß, dass du

noch an mich denkst und mir den Rücken stärkst? Das wäre grandios. Das würde mir viel Sicherheit geben und ich denke, danach könnte ich besser an all den Dingen arbeiten, die ich noch vorhabe. Du weißt ja, ich bin etwas ungeduldig, darum brauch ich das hin und wieder mal, um mir sicher zu sein. Danke für dein Verständnis.«

Wie du merkst, ist das Ganze sehr respektvoll. Du äußerst, wie du dich fühlst, warum du dich so fühlst und wie das am besten zu ändern ist. Das Zeichen, das ich hier gewählt habe, ist natürlich nur ein Beispiel. Du kannst es auf dich anpassen, ich würde das Korsett aber, was die Vorgabe angeht, nicht zu eng schnüren. Du willst ja mehr in die Entspannung kommen und das beiderseitige Vertrauen stärken. Nicht wieder den obsessiven Kontrolletti befeuern. In der Regel kommt die gewünschte Aufmerksamkeit binnen einiger Tage bei dir an.

DANKBARKEIT ZELEBRIEREN

In der Natur des Menschen liegt das Habenwollen, das Streben nach materiellem Besitz und Macht. So weit nicht weiter verwerflich, schließlich heißt dies nicht zwangsläufig etwas Böses, sofern die Dinge sinnvoll genutzt werden. Ressourcen sind ja genügend da. Jedoch zeigen sozialpsychologische Studien, dass das Teilen mit den Mitmenschen uns selbst bereichert und wir uns dann erfüllter fühlen. Nützlicher. Teil eines großen Ganzen. Wenn du gibst, fühlst du dich innerlich reicher. Und Dankbarkeit hilft dir dabei, diesen Reichtum zu entdecken und wertzuschätzen.

Wenn du das Gefühl der Dankbarkeit trainierst, wird dein Vagusnerv aktiviert, der das parasympathische Nervensystem stimuliert. Dein Cortisolspiegel wird gesenkt und dein Nervensystem wechselt zwangsläufig in einen entspannteren Zustand. Zudem werden Serotonin und Dopamin – die Glücks- und Belohnungshormone – ausgeschüttet. Interessanterweise wird zusätzlich noch das Hormon Oxytocin ausgeschüttet, das als Bindungshormon bekannt es, da es üblicherweise nur bei Körperkontakt wie Sex, Kuscheln oder Umarmungen entsteht. Wenn du dankbar bist, kannst du nicht gleichzeitig traurig oder wütend sein. Dankbarkeit macht dich sanft und glücklich, verbessert deine Empathie und trainiert somit auch dein Einfühlungsvermögen anderen gegenüber. Das Gute ist, dein Gehirn lässt sich wie ein Muskel trainieren: Je häufiger du einer Sache nachgehst, desto mehr neuronale Verbindungen werden genau für diese Praktik und den damit einhergehenden Zustand geknüpft. Dankbarkeit ist damit eine gute Form der Selbstmedikation gegen depressive Zustände. Damit du Dankbarkeit im Alltag ganz natürlich trainieren kannst und sie in eine spielende Leichtigkeit für dich übergeht, lohnt es sich, dein Bewusstsein etwas auszutricksen. Wir Menschen lesen zum Beispiel grundsätzlich Texte, wenn wir sie irgendwo sehen, ob wir wollen oder nicht. Schon mal einen Film mit Untertiteln gesehen und versucht, diese nicht mitzulesen? Das macht das Hirn ganz automatisch und das nutzen wir jetzt zu deinen Gunsten!

Dankbarkeitsverknüpfungen aufbauen

Bereite einige Post-its mit Sätzen wie diesen vor:

- Ich bin dankbar für meine Freunde.
- Ich bin dankbar, dass ich es bis hierher geschafft habe.
- Ich bin dankbar für alles, was mich zum Lachen bringt.
- Mein Leben ist kostbar und ich bin dankbar, hier sein zu dürfen.
- Ich bin dankbar, lieben zu dürfen und geliebt zu werden.
- Ich liebe meine Familie und bin froh, dass ich sie habe.

- Das Leben ist schön und begeistert mich immer wieder.
- Ich bin dankbar für die kleinen Glücksmomente
- Tiere begeistern mich und bereichern mein Leben.
- Mit der Schönheit der Natur fühle ich mich verbunden.
- Meine Erfüllung finde ich im kreativen Sein.
- Ich spüre Liebe und Dankbarkeit.

Verteile die Zettelchen wild in deiner Wohnung, hefte sie an den Kühlschrank, an Schränke, ans Bett. Dann liest du sie täglich. Nimm gute Klebezettel, denn hier kommt der Clue: Verteile die Zettel regelmäßig anders, erstelle neue und tausche vorhandene aus. Denn das Schlimmste, was dir damit passieren kann, ist, dass du dich an sie gewöhnst. Zudem ist es eine kreative und spaßige Art, dich zu trainieren. Und wenn Besuch kommt, hat er direkt auch ein paar positive Gedanken in den Kopf gepflanzt bekommen.

VERBINDUNG ÜBER DAS HERZCHAKRA

Vorhin beim Lotossitz habe ich ja schon das Thema Chakren angesprochen. Im Hinduismus werden die einzelnen Energiezentren Chakren genannt, davon gibt es im klassischen Sinne sieben. Im Buddhismus geht man auch von Energien im Körper aus, hier aber geht es mehr um Meridiane. Viele Kulturen haben ihre eigene Version davon, die sich aber ähneln und eine Auffassung gemeinsam haben: Unser Körper wird von Energien bewohnt und hat bestimmte Ballungszentren dafür. Diese sollten immer klar und gut gefüllt sein. Sind die »Energiegefäße« gestört, verkümmert oder negativ belastet, dann nennt man das eine energetische Blockade. Und die gilt es aufzulösen.

Mit dem System der Chakren machen wir es uns recht einfach, denn so gut wie jeder weiß irgendwas damit anzufangen. Sie bilden recht vereinfacht und gut verständlich die einzelnen energetischen Themen des Menschseins ab. Die Abbildung unten zeigt eine schnittige Zusammenfassung für dich.

Um nun mit dem Universum zu kommunizieren und deinem Begehren energetisch Nachdruck zu verleihen, brauchst du ein aktiviertes und vor allem geöffnetes Herzchakra. Das Herzchakra ist die Verbindung: zu dir selbst, zu den Menschen und Tieren um dich herum, aber auch zu allem und jedem und somit auch zum Universum. Bei hypersensiblen Menschen ist dieses Chakra oftmals sehr groß und stark, weil sie den Großteil ihrer Kraft daraus beziehen. Wie ein Hauptmotor im Dauerbetrieb. Darum fühlen sich Hypersensible auch oft so leer. Sie fühlen einfach alles so intensiv. Sie spüren, was andere fühlen, und sind ständig überladen. Wenn du das kennst, wäre es für dich vor allem wichtig, dein Herzchakra besser zu schützen. Aber das Gute ist, das lernst du hier auch, denn das gehört natürlich mit dazu. Das Herzchakra aktiv lenken zu lernen ist also für alle eine gute Sache.

DAS HERZCHAKRA AKTIVIEREN

Das Herz verbindet deinen Verstand mit deinen Gefühlen, mit deiner Seele. Das Ding ist nur, dass die meisten von uns dazu neigen, diese sensible Seite von sich selbst hinter kalten, schützenden Mauern zu verstecken. Klingt erst mal sinnvoll, denn so schützen wir uns vor möglichen schmerzhaften Erfahrungen. Nur der Preis ist problematisch, denn so verlieren wir die Verbindung zu unserem innersten Fühlen, zu unserer Sensitivität und auch den Zugang zur bedingungslosen Liebe, die in uns schlummert. Die Lösung dieser selbst verursachten Blockade im Herzchakra geschieht durch die aktive Hinwendung zu deinen Gefühlen, dem Wiederentdecken deiner kindlichen Neugierde und dem Einreißen der so mühevoll erbauten Mauer. Damit einher gehen jedoch meist eine tiefe, dich regelrecht überschwemmende Trauer, alter Schmerz und ein Meer aus Tränen, vor dem du dich viel zu lange versteckt hast. Wer hier helfen kann, damit die Heilung schneller und leichter geht, ist beispielsweise ein energetischer Heiler, der dich anleitet, dir die Hand reicht und dir auch etwas Ballast abnimmt. Das kann diesen ersten, sich oftmals sehr groß anfühlenden Schritt stark vereinfachen. Außerdem hilft bei Erinnerungen an schwere traumatische Ereignisse, die hier hochkommen können, natürlich eine professionelle Therapie.

Dein energetischer wie psychischer Körper bedürfen oftmals gleichermaßen Heilung, sollte nicht schon einer davon befreit und entlastet sein. So zeigt es sich auch oft bei meinen Schülern. Ihre Therapie ist durch, sie haben alles getan, aber dennoch hat sich der lang ersehnte Flow noch nicht eingestellt. Dann bringt ihnen meine Energiearbeit oft die große Erleichterung, wenn ich alle Chakren mit ihnen durchgehe, sie befreie und ihnen die energetischen Lasten entferne. Aber du kannst auch selbst für dich schon etwas tun, um dein Herzchakra auf der Ebene der Feinstofflichkeit zu befreien.

Das Herzchakra beleben

Sich was vom Herzen reden

Manchmal können schon kleine Veränderungen viel bewirken, wenn du zum Beispiel beginnst, deine Gefühle dir selbst und anderen gegenüber zu verbalisieren. Stell dich dazu mal vor den Spiegel und schau dir in die Augen. Geh die einzelnen Ereignisse des Tages durch und erzähle dir selbst, was du wie und warum empfunden hast.
Im Folgeschritt wird es dann leichter sein, Gefühle anderen gegenüber anzusprechen, insbesondere wenn du dich mal vor den Kopf gestoßen fühlst. Statt dann wieder perplex zu sein und dich später zu Hause darüber zu ärgern, dass du deinem Herzen nicht gefolgt bist und deinen Gefühlen nicht wahrhaftig Raum gegeben hast, kannst du ansprechen, was los ist. Das befreit dich und lässt das Herzchakra aktiv bleiben, weil du dich stetig damit verbindest. Sprich also an, was dich stört, weine, wenn dir danach ist, mach Komplimente und sage Menschen, was du an ihnen wertschätzt und liebst.
Du kannst stattdessen auch ein Tagebuch führen, wenn du zu schüchtern oder introvertiert bist, um Dinge offen auszusprechen. Schreib dann deine Gefühle auf, fasse sie in Worte. Das kann dir dabei helfen, sie zu verarbeiten.

Verzeihen hilft dem Herzchakra

Häufig entstehen Blockaden im Herzchakra durch Dinge, die in der Vergangenheit passiert sind. Wenn du zum Beispiel in einer früheren Beziehung extrem verletzt wurdest und nun Angst hast, dich wieder zu verlieben – dann lass Vergangenes los. Hör auf zu trauern und verzeih dir selbst oder dem Menschen, der dich verletzt hat. Mach dir bewusst, dass du durch das Beenden einer Sache Raum für etwas Neues schaffst. Verzeihen ist auch immer ein Neubeginn.

Umarmungen

Wir Menschen sind soziale Wesen. Wir benötigen Körperkontakt, damit es uns gut geht. Bei Umarmungen wird Oxytocin freigesetzt, das deinen Körper beruhigt und wie ein natürliches Antidepressivum wirkt. Umarme also andere und lass dich umarmen, sooft es geht.

Liebe zulassen gegen ein blockiertes Herzchakra

Wir lassen die Liebe anderer oft nicht zu uns durchdringen, spielen sie herunter oder blockieren sie sogar. Aber für dein Herzchakra ist es gut, Zuneigung und Komplimente bewusst anzunehmen, zu danken und Komplimente zurückzugeben. Komm dir bei ehrlich gemeinten Komplimenten nicht unbeholfen vor, sondern nimm sie an, freu dich darüber und lass sie auf dich wirken. Erlaube dir, die Aufmerksamkeit zu genießen!

DAS HERZCHAKRA ÖFFNEN

Ein aktiviertes Chakra hat pralle Energien, ist mit deinen anderen Chakren verbunden und im Fluss. Dennoch heißt das nicht unbedingt, dass dein Chakra nach außen hin geöffnet ist. Du kannst dir all deiner Gefühle bewusst sein und dennoch eine Mauer hochgezogen haben, kalt und unnahbar. Hier kann intensive Energiearbeit vonnöten sein. Je nach Stabilität der errichteten Mauer kann es schwierig sein, diese ganz allein von innen heraus umzustoßen. Nutzen kannst du zum Beispiel Energiearbeit oder energetische Medizin, (Chakra-) Meditation, Klangschalen, Räucherwerk und besinnliche Naturerlebnisse. Willst du dein Herzchakra harmonisieren, kannst du Duftöl mit Rose und Jasmin verwenden. Du kannst Grün tragen und Rhodonit, Rosenquarz oder Koralle als Heilstein nutzen.

Öffne dein Herz sehr sanft

Häng ein großes grünes Stück Stoff über dein Bett, das du entspannt anschauen kannst. Grün ist für das Herzchakra eine belebende Farbe. Leg dir im Bett einen Rosenquarz auf das Herz oder häng dir beim Spazieren eine entsprechende Kette um. Rosenquarz steht für das Herz, die Herzöffnung, aber auch die Selbstliebe und den positiven Umgang mit Liebe allgemein. Atme tief in deine Brust, langsam, entspannt. Stell dir bildlich vor, wie sich deine Herzklappen öffnen und schließen. Spür deinem Herzschlag mit der Hand nach. Verinnerliche dieses Bild und wenn du in Einklang mit deinem Atem kommst, deinem Herzschlag, spür die Offenheit deines Herzens.

Manifestations-Tipp

Wenn dein Herzchakra geöffnet ist, bietet es sich an, Verbindung zum Universum aufzunehmen und den neuen, nun spürbaren Energien nachzufühlen. Sammle sie zusammen, forme einen energetischen Ball in deiner Brust. Halte deine Hände vor deinem Herzen, als würdest du einen Schneeball formen. Dann führe deine Hände zu einer Raute zusammen und stell dir vor, wie du das Ganze ins Universum schießt, wie einen kräftigen grünen Lichtstrahl. Forme deine Manifestation in Worten aus. Schieß sie ab wie Dragoran seinen Hyperstrahl.

HERZCHAKRA SCHÜTZEN

Ein immerzu ungeschütztes, offenes und nur so vor Energie sprühendes Herzchakra ist natürlich auf Dauer ein gefundenes Fressen für alle Energieparasiten. Es ist wie bei den bekannten Perlen, die vor die Säue geworfen werden. Also musst du nun auch noch lernen, deinen so großen und kostbaren Motor zu schützen. Damit du darüber herrschst, damit du befehligst, wer wann und wie viel Zugang dazu hat. So kannst du die Energien für dich und deine Interessen auch wirklich jederzeit nutzen.

Tipp: Mach die folgende Übung jeden Morgen und jeden Abend und hol dir so deine Energien zurück. Zudem schützt du dich im Alltag energetisch auf diese Weise mehr und lässt nicht alles so nah an dich heran. Du stellst deine Energien nicht mehr jedem frei zur Verfügung.

Tägliche Energiehygiene

Stell dich mit beiden Beinen fest auf den Boden. Füße hüftbreit aufgestellt. Gerader Rücken. Nimm einen tiefen Atemzug. Spüre die Kraft in dir. Lass sie in deine Arme fließen. Spüre deine starke Brust, wie sie sich hebt und senkt.
Dann sprich mit klaren, gefestigten Worten folgenden Satz: »Ich schicke alle fremden Energien fort und ziehe die meinen von jedem Ort, jeder Person und jedem Gegenstand zu mir zurück.«
Dabei kannst du sogenannte Kraftbewegungen nutzen, um deine Worte zu verstärken. Während du also davon sprichst, alles zurückzusenden, machst du eine harte, kantige Handbewegung vor deiner Brust, als würdest du die Verbindungen zerschneiden und dann von dir wegschieben. Dann holst du dir alle deine Energien bildlich zurück, als würdest du Seile, wie beim Tauziehen, zu dir zurückholen. Du ziehst sie fest mit beiden Händen in deine Brust.

Wenn du mit diesen Übungen den aktiven Zugriff auf dein Herzchakra erlernst, hast du es auch im Alltag leichter, dich vor saugenden Energievampiren zu schützen, einfach weil du dich ihnen bewusst verschließen kannst. Du weißt schon, diese Art von Menschen, bei denen du dich schon nach fünf Minuten gemeinsamer Zeit in einem Raum müde, schlapp und ausgelaugt fühlst.

Außerdem hast du durch diese Techniken die Möglichkeit, die Tore deines Herzens aufzustoßen, wenn du energetisch arbeiten willst. Das bietet sich dann natürlich auch bei jeder der in diesem Buch aufgeführten Manifestationsmethoden an: als Verstärker für dein gewünschtes Ziel.

Manifestation – klassisch und modern

KLEINES LEXIKON DER MANIFESTATION

Es gibt einige Begriffe, die sich in der Thematik ganz allgemein oft wiederholen und überall in allen Quellen genutzt werden. Damit du den Durchblick behältst, hier zunächst eine knackige Übersicht. Ist nicht viel, dennoch nützlich.

Äther

Äther, Akasha und das fünfte Element beschreibt im Grunde die feinstoffliche Welt, die zumeist auch einfach als Universum benannt wird. Du gibst deine Energien immer in den Äther beziehungsweise in den Kosmos, in das Universum. Wie du es eben am liebsten formulieren magst. Lass dich nicht verwirren.

Affirmation

Der Begriff stammt vom Lateinischen und bedeutet so viel wie »Beteuerung« oder »Versicherung«. Im Grunde beschreibt er eine bejahende oder zustimmende Haltung. Vereinfacht ausgedrückt bedeutet Affirmation also, dass eine Aussage, Situation oder Handlung positiv betrachtet wird. Im Kontext der Manifestation werden Affirmationen genutzt, um das Mindset positiv neu auszurichten. Wenn das mit demselben Satz oder denselben Sätzen oft wiederholt wird, nennt man dies wiederum auch Mantra.

Wenn du Affirmationen nutzt, ist es wichtig, keinen zu großen Realitätsunterschied zu erzeugen. Wenn du also zum Beispiel unter einer körperdysmorphen Störung leidest, also der krankhaft verzerrten Wahrnehmung deines Körpers, dass du ihn hässlich findest und verachtest, dann würde eine Affirmation wie »Ich bin wunderschön« tatsächlich negativ auf dich wirken, weil eine kognitive Dissonanz entsteht. Dadurch, dass du sie dir selbst nicht mal ansatzweise glauben kannst, verursacht sie noch mehr negative Emotionen. Nutze also Affirmationen, die für dich wirklich schon greifbar sind. In dem Fall zum Beispiel erst mal etwas Neutraleres wie: »Es ist okay, sich nicht perfekt zu finden. Ich bin mehr als mein Äußeres.« Das wirkt sich dann positiv auf deine Psyche und deine Energien aus. Hast du dich deiner Affirmation erfolgreich angenähert, kannst du das Ganze in seiner Positivität steigern.

Wer Positivität jedoch übertreibt,
macht sie toxisch und erwartet von sich
etwas nicht Realisierbares.

Er kippt den positiven Effekt dann blöderweise ins Gegenteil. Wenn du also Vorschläge für Affirmationen und Mantras in diesem Buch von mir bekommst, passe sie immer an deine aktuelle Erlebnisrealität an.

Mantra

Mantren stammen ursprünglich aus den buddhistischen und hinduistischen Lehren und bezieht sich zumeist auf eine heilige Silbe, ein heiliges Wort oder einen heiligen Satz. Ein Mantra ist damit eine magische und somit energetische Formel, die als verbale Frequenz wirkt. Mantra bedeutet so viel wie Spruch, Lied oder Hymne.

Aligned

Dies ist mit dem unsexy Wort »justiert« übersetzbar. Besser finde ich da »in eine Linie gebracht«. Wenn jemand davon redet, dass die Sterne günstig stehen, nennt man das im Englischen »the stars are aligned«. Es liegt also eine gute Konstellation vor. Genau genommen redet man in diesem Kontext von Dingen, die sich richtig anfühlen, oder von Energien, die man gern annimmt, weil sie einem weiterhelfen.

Erden

Beim Erden stellst du eine Verbindung mit der Erde her, um unerwünschte Energien von dir zu entfernen und in die Erde abzuleiten. Dabei bietet sich direkter Kontakt mit den nackten Füßen auf Sand, Erde oder Wiese an.
Mehr ist nicht immer mehr, auch nicht bei Energien, und was nicht zu dir gehört oder was du nicht mehr brauchst, gibst du so zurück in die Natur. Nicht umsonst hört man Menschen manchmal sagen: »Mensch, erde dich mal!« Im Grunde bedeutet es auch, mal wieder auf den Boden der Tatsachen zurückzukommen und tief durchzuatmen, statt der inneren Hektik zu verfallen. Bei energetischer Arbeit ist es essenziell wichtig.

Gesetz der Anziehung

Das Gesetz der Anziehung heißt eigentlich Gesetz der Resonanz und kommt aus der Hermetik, die wiederum in den Lehren des Kybalion enthalten sind. Es besagt, dass Gleiches Gleiches bedingt und du immer das anziehst, was du hinaussendest. Alle schon länger bekannten Manifestationsmethoden besinnen sich auf diese eine Regel. Aber glücklicherweise lernst du in diesem Buch auch einen gänzlich neuen Ansatz: meine Rainbow Method. Wär ja sonst langweilig, immer die gleiche Suppe wieder und wieder aufgewärmt zu bekommen, oder?

Intention

Eine Intention ist das Ziel einer Absicht. Du legst dich auf eine bestimmte Handlung fest, wie beispielsweise, dass du diesen süßen Nachbarn morgen ansprechen wirst. Deine Intention ist der Kontakt zum Nachbarn, deine Handlungsweise das ungezwungene Ansprechen am Briefkasten morgen früh. Deswegen fragen wir Leute auch immer, was ihre Intention bei bestimmten Handlungen ist.

Kanalisieren

Wenn du deine Energien kanalisieren sollst, dann kannst du dir das Ganze wie einen wabernden Nebelwall vorstellen, den du mit deinem Fokus klar ausrichtest, über eine Autobahn hinausleitest und als geballte Energie abschießt. Der Begriff kann entsprechend auch mit Fokussieren oder Ausrichten gleichgesetzt werden. Auch in diese Kategorie fällt der Begriff »Channeln«. Wenn du deine Energien channelst, tust du nichts anderes als eben beschrieben. Übrigens beziehe ich mich hierbei auf den internen Prozess des Channelns. Du channelst deine Energien von innen nach außen. Es gibt auch das externe Channeln, wenn man eine Botschaft channelt, wie es Medien und Hexen tun, wenn sie mit Wesen aus der feinstofflichen Ebene kommunizieren.

Manifestieren

Manifestieren kann unterschiedliche Bedeutungen haben, im Kontext der energetischen Arbeit reden wir von einer bewussten Beeinflussung und Steuerung deiner Realität, damit du deine Wünsche, Ziele und Visionen wahr machen kannst.

Visualisieren

Wenn vom Visualisieren oder von einer Visualisierung geredet wird, dann geht es dabei um die bildliche, innere Vorstellung einer bestimmten, zumeist erwünschten Situation. In eine Visualisierung können aber alle Sinne miteinbezogen werden, was vor allem dann zum Tragen kommt, wenn Menschen unter Afantasie leiden oder von Geburt an blind sind und sich Dinge nicht bildlich vorstellen können. Zumeist sind die anderen Sinne in der inneren Vorstellung dafür dann umso klarer.

Zentrieren

Sich zu zentrieren ist ein energetischer Vorgang, bei dem du mit dir selbst in Einklang kommst. Wenn du zentriert bist, fühlst du dich ausgeglichen und entspannt. Ein Zustand, den man aktiv erzeugen muss, denn in unserer schnelllebigen Welt haben wir uns alle an Stress als Normalzustand gewöhnt. Zudem kannst du für das energetische Arbeiten auch visualisieren, wie du deine Energien in deiner Körpermitte zu einer Kugel zentrierst, bevor du sie geballt abschießt. Zentrieren ist also ein Zusammenführen, während Kanalisieren das In-Bewegung-Setzen der zentrierten Energie beschreibt.

Big Seven

Erden und Zentrieren gehören übrigens in der energetischen Arbeit zu den sogenannten Big Seven, den wichtigen Aspekten der energetischen und rituellen Reinheit. Sie nennen sich Cleansing (Reinigung), Purification (Tiefenreinigung), Banishing (Verbannung), Warding (Abwehr), Shielding (Abschirmung), Centering (Zentrierung) und Grounding (Erdung). Im Detail lernst du dazu alles in meinem Buch »WitchPower – Entdecke deine magischen Kräfte«.

KLASSISCHE MANIFESTATION: NEUROTYPISCHE METHODEN

Die wohl klassischste Manifestationsmethode hat Aufschwung erfahren vor allem durch Bücher wie »The Secret« von Rhonda Byrne oder »Bestellung beim Universum« von Bärbel Mohr. Zweiteres habe ich gerade neben mir liegen. Ich habe es von meiner Mom geschenkt bekommen, als ich so circa zwölf Jahre alt war. Das Buch ist voller Notizzettel, markierter Stellen und ich übertreibe nicht, wenn ich sage, dass ich es Wort für Wort durchgearbeitet habe. Da in diesem Alter schon meine Depressionen jäh Einzug gehalten hatten, war es für mich ein Strohhalm, an den ich mich klammerte, um mein Leben zum Besseren zu erwünschen. Manifestieren eben.

Basieren tut diese Manifestationsmethode, wie im Grundkern eigentlich alle bislang in Büchern und im Internet kursierenden Methoden, auf dem Gesetz der Anziehung, auch bekannt als Law of Attraction, auch kurz LoA genannt. Und nimm es mir nicht übel, aber mir hängt dieses Gesetz mittlerweile schon aus den Ohren. Das liegt vor allem daran, dass es so selbstgefällig und überheblich genutzt wird, gepredigt, ja, fast schon indoktriniert von so vielen aus der spirituellen Kommune, dass man schon gar nicht mehr anders kann, als die Augen zu verdrehen.

Klar, auch das Gesetz der Anziehung ist eine von vielen Thesen der spirituellen Szene, die absolut ihre Daseinsberechtigung haben. Jedoch weiß ich nicht so ganz, ab welchem Punkt die New-Age-Bewegung gemeinschaftlich die Entscheidung getroffen hat, sie zum Nonplusultra zu erheben. Zum Absolutum. Zur einzigen richtigen Wahrheit. Nur so, sonst gar nicht! Für mich funktionierte sie damals schon nicht, weswegen ich rebellierte und meine eigene Methode fernab von diesem Gesetz erprobte, erkundete, die ich in diesem Buch auch vollumfänglich verrate und an dich weitergebe. Just in case, solltest du am ollen Klassiker auch scheitern.

Aber schauen wir uns diese sagenumwobene Regel erst mal an. Das Gesetz der Anziehung stammt aus der Hermetik, weswegen es mich ziemlich ärgert, dass es fast immer aus dem Kontext der anderen Regeln gerissen und allein genutzt wird. Es hat Brüder und Schwestern, die man, will man LoA nutzen, gleichsam beachten und in sein Leben integrieren sollte. Ist irgendwie sonst so, als würde man ein Puzzle nur zu einem Siebtel zusammenbasteln und sagen: »Fertig, das isset jetzt! Muss reichen. Erkennen tut man vom Motiv irgendwie noch gar nichts, aber okay.« Und so ist es auch mit den Energien. Wer mit der Hermetik seine Energien steuern will, sollte alle hermetischen Gesetze kennen und nutzen.

DIE GRUNDLAGEN DER HERMETISCHEN GESETZE

Der Entstehung der Hermetik wird, wie so manches, im alten Ägypten vermutet. Der Begriff Hermetik bedeutet so viel wie »undurchdringlich« oder »luftdicht«, es geht also um eine Geheimlehre. Der Legende nach gab es einen Mann namens Hermes Trismegistos, der zu Zeiten von Moses die sieben hermetischen Gesetze in eine Steintafel geschlagen haben soll. Doch erst viel später, 1908, wurden diese Gesetze durch die Publikation im sogenannten Kybalion bekannt gemacht. Wer der Autor des Werkes ist, weiß man nicht. Interessant ist, dass sich viele der Gesetze in allen möglichen Religionen wiederfinden, auch in Texten wie der Bibel oder den altindischen Veden. Sie begleiten uns also schon seit jeher.

Die sieben Prinzipien

Hermes gab uns mit seinen sieben Grundfesten eine individuell interpretierbare Hilfestellung, um unser eigenes Handeln besser lenken zu können.

- **Das Prinzip der Schöpfung:** Die Schöpfung besagt, dass aller Ursprung unseres Lebens geistiger Natur ist. Entsprechend können unsere Gedanken Veränderungen im Außen bewirken und neue Gegebenheiten erschaffen.
- **Das Prinzip der Resonanz:** Da ist es. Das Prinzip, das wir mittlerweile nur noch als Gesetz der Anziehung kennen. Es beschreibt die Annahme, dass Gleiches einander anzieht, während Ungleiches einander abstößt. Alles, was du denkst, ist. Und wenn du dein Denken veränderst, veränderst du auch alles um dich herum.
- **Das Prinzip der Schwingung:** Eines der Prinzipien, das gar nicht mal so abstrakt ist und auf das ich mich auch immer wieder beziehe. Denn nichts steht still. Stillstand ist nur eine Illusion, da auf atomarer Ebene alles ständig in Bewegung ist. Schlussfolgernd daraus ist deine eigene Schwingung eine einzigartige Möglichkeit, auf die Schwingung um dich herum Einfluss zu nehmen, da alles miteinander verbunden ist.
- **Das Prinzip der Polarität:** Du kennst es schon von Yin und Yang. Hierbei geht es um die Zusammenführung von Gegensätzen, die einander bedingen und auch nicht ohneeinander existieren können. Licht und Schatten, Gut und Böse, Freud und Leid. Weiterführend beschreibt dieses Prinzip, dass diese Dinge im Grunde Anteile derselben Sache sind, wie zwei verschiedene Standpunkte. Wie ein Schiff, das nur als eines fahren kann, jedoch stehst du entweder am Heck oder am Bug oder irgendwo dazwischen. Es bleibt jedoch ein ganzes Schiff.
- **Das Prinzip des Rhythmus:** Dieses Prinzip ist eng verknüpft mit dem der Polarität, da es im Grunde nur aussagt, dass dein Schwerpunkt immer wieder von einem Pol zum anderen schwingt. Das ist der Kreislauf des Lebens.
- **Das Prinzip von Ursache und Wirkung:** Ich würde es als energetische Balance bezeichnen, denn es besagt, dass nichts ohne Grund passiert. Alles, was du tust, wirkt auf alles und jeden um

dich herum. Wiederum heißt das auch, dass alles, was andere tun, Ursache dafür ist, was dir passiert. Alles ist eins. Ein Netzwerk aus Molekülen, Frequenzen, Energien und Verbundenheit, dem du nicht entkommen kannst.

- **Das Prinzip des Geschlechts:** Ähnlich dem Yin-Yang Prinzip beschreibt dieses die Jahrtausende alte Vorstellung von männlichen und weiblichen Eigenschaften, die einander ergänzen und vereint gehören. Heutzutage nicht mehr ganz zeitgemäß, da viele Aspekte, die jahrelang als typisch weiblich oder männlich gesellschaftlich geprägt wurden, diesen Energien zugeordnet werden. Ich persönlich benutze nur noch die inklusiveren Begriffe »fordernde« und »gebende« Energie, die sich unabhängig vom Geschlecht in vielen Aspekten von uns allen manifestieren kann. Eine Ausgeglichenheit dieser Energien gilt für ein zufriedenes Leben als erstrebenswert.

Da fast alle Manifestationsbücher und -quellen immer und immer wieder nur im Nebel der LoA agieren, möchte ich auch in diesem Abschnitt noch mal gezielt darauf eingehen und dir die darauf basierende klassische Manifestationsmethode im Schnelldurchgang beibringen. Ohne viel Gewirbel, denn irgendwie schafft man es nur mit viel Drumherum, ganze Bücher damit zu füllen. Ist mir jetzt im Nachgang mal so aufgefallen. Der methodische, wirklich relevante Teil macht gefühlt fünf Seiten in diesen Büchern aus und der Rest … schöne Worte. Schöne Worte kann ich auch … Aber egal. Lass uns auf den Punkt kommen, ich mag dieses Drumherumgelaber nicht. Meine Bücher haben immer maximal viel Inhalt, damit für jeden was dabei ist und du abwechslungsreiche Methoden durchprobieren kannst. Also, worum geht's?

WAS BESAGT DAS GESETZ DER ANZIEHUNG?

Das Gesetz der Anziehung besagt, dass du, ob du willst oder nicht, an irgendetwas glaubst. Und sei es, dass ein Unglück selten allein kommt oder ähnlich banale, fest in deinem Kopf sitzende Sätze, die ein Glaubenssystem ergeben. Der Knackpunkt ist, LoA meint, dass jeder nach seinem bewussten oder unterbewussten Glauben handelt. Mit Worten, mit Taten, mit Gedanken, mit Energien. So weit, so problematisch, da du ja weißt, dass wir wirklich viele negative Gedanken und Glaubenssätze in uns haben. Muss man also jetzt doch zum erleuchteten Oberguru werden, der nur Regenbögen kotzt?

Ich denke nicht. Aber gehen wir jetzt mal davon aus, sonst klappt das mit dieser Methode nicht. Denn das Gesetz der Anziehung ist uralt und wird, wie viele der sehr unterschiedlichen spirituellen Konzepte, seit Jahrhunderten übertragen. In diesem Fall insbesondere von der hinduistisch geprägten Kultur. Du weißt schon, dass die LoA verkündet, dass sich die gleichen Dinge anziehen. Gleiches zu Gleichem, getreu dem Sprichwort: »Wie man in den Wald hineinruft, so schallt es heraus.« Das spiegelt es eigentlich ziemlich gut wider. Wobei spiegeln auch ein gutes Wort dafür ist. »Ätschibätschi! Spiegelmauer! Immer dreimal mehr als du!«

Das Gesetz der Anziehung sagt dir, dass du immer genau das anziehst, woran du denkst und was du fühlst. Jap, depressive Menschen, wie ich einer war, haben also schon mal dezent verkackt. Ich schaue mir gerade die Notizen in meinen Büchern an und mir biegen sich die Zehennägel hoch, wenn ich das Maß an toxischer Positivität lese, dem ich mich in meinen jungen Jahren ausgesetzt habe. Kein Wunder, dass ich selbst meine Depression sehr lange kleingeredet habe, was letztendlich nur dazu führte, dass mein Weg der Heilung viel, viel länger war, als er letztendlich hätte sein müssen. Länger als wenn ich die Schwere dieser Erkrankung respektiert und ernst genommen hätte. Aber nun bin ich schlauer und kann hier mahnend meinen Finger schwingen, damit es anderen nicht ähnlich geht. Damit du weißt, was ich meine, da stehen so Sätze wie: »Um negativ zu denken, musst du verkrampft sein, Menschen kommen alle glücklich zur Welt, so will es die Natur.« Ja, neee, bei einem krankhaft veränderten Gehirn, das durch Traumata in einen Dauer-Survivalmode gesetzt wurde, kann man das nicht so sagen. Negativ ist da der Normalzustand und traurigerweise der entspannte Zustand, dagegen anzukämpfen ist scheiße anstrengend. Aber gut, ich denke, dass muss man selbst erlebt haben. Menschen, die das nie hatten, können sich das nicht mal ansatzweise vorstellen. Die denken, wir übertreiben, wir sollen uns mal nicht so haben, ist ja nur im Kopf. Schnips: Einmal positiv denken, schon ist die hormonelle Dysbalance direkt weggezaubert.

Du siehst schon, wieso ich immer darauf poche, dass es drei Teile gibt: Körper, Geist, Seele. Man kann nicht alle Probleme auf nur einen einzigen Aspekt reduzieren. Es ist schon wesentlich komplexer und es ist hochtoxisch, so zu tun, als würden sich Menschen, »die nicht positiv genug denken«, aus reiner Faulheit innerliches Leid und Agonie antun. Depressionen haben nichts, aber auch rein gar nichts mit einer üblichen Verstimmung oder Traurigkeit zu tun. Ich kann das so sagen, da ich nun endlich den Unterschied kenne. Und, holymolyguacamoly, lass mich dir sagen, dass die Form von Traurigkeit, die gesunde Menschen verspüren, ein Witz ist gegen die Depression, die mir fast die Hälfte meines bisherigen Lebens geraubt hat.

Eine weitere schöne Notiz, bei der ich jemanden erwürgen möchte, ist die folgende: »Wenn dich etwas fertigmacht, machst du dich eigentlich selbst fertig. Egal was dir passiert, du hast es dir bewusst oder unbewusst gewünscht.« Okay … ruhig Blut, ruhig Blut. Du musst professionell bleiben, Shisha. Puh. Tief durchatmen. Okay. So. Wo fange ich da an? Wann haben wir verlernt, berechtigte negative Emotionen als angemessen und wichtig zu bewerten? Wenn jemand ein absoluter Arsch ist, mich manipuliert, mir wehtut, dann ist es mein gutes Recht, verletzt, wütend und enttäuscht zu sein und dem

Ausdruck zu verleihen. Wieso? Weil ich damit gesunde Grenzen setze und mich von toxischen Menschen distanziere, die mich sonst ausnutzen, aussaugen, fertigmachen. Grenzen setzen können so wenige, denn die meisten fühlen sich unwohl, denken, sie übertreiben, wissen nicht, wie sie es machen sollen. Wieso? Wegen solcher bescheuerten Sätze!

Natürlich kann man sich in seine Emotionen und Endzeitgedanken zu sehr verlieren und dem gilt es, entgegenzuwirken. Aber es wird auch über angemessene unangenehme Gefühle einfach mit toxischer Positivität drübergebürstet. Ungesund für jedes Gehirn. Und nun sitze ich hier und lasse mich darüber aus, weil es notwendig ist, dass es mal jemand in ganzer Härte tut.

Und dann haben wir noch einen weiteren Aspekt, der genauso problematisch ist, wenn nicht sogar noch mehr. »Egal was dir passiert, du hast es dir bewusst oder unbewusst gewünscht.« Muss ich wirklich darauf eingehen, wie absurd das ist? Ja, klar, die Kinderarbeiter haben sich das selbst ausgesucht, genauso wie die versklavten Frauen in den Sexhändlerringen. Schon klar. Hmmm … merkste selbst, oder? Wer ernsthaft so eine gequirlte Schei… Ahhh, okay! Ich beruhige mich wieder. Du merkst, die Methode ist nicht meine, weil sie toxisch ist, weil sie viele Menschen ausschließt und mit dem Finger auf sie zeigt.

WIE LÄUFT DIE KLASSISCHE MANIFESTATION AB?

Dennoch möchte ich halbwegs fair bleiben und werde sie für dich zur Nutzung erklären. Denn es kann ja sein, dass du einer dieser gesegneten Menschen bist, die so stabil, stoisch und emotional unangetastet sind, dass es für dich passt und easy peasy umsetzbar ist. Dann möchte ich dir das natürlich nicht vorenthalten. Oder du hast, wie ich ein halbes Leben lang, so sehr an dir gearbeitet, dass du es mittlerweile wahrscheinlich auch mit der Methode hinbekommen würdest. Nur als Startpunkt, um mein Leben überhaupt erst mal aus dem Mist zu karren, war das einfach nicht machbar. Nun denn:

Klassisch manifestieren

Schritt eins

Der Grundzustand, den du benötigst, ist entweder die pure Entspannung oder die Erfüllung durch universelle Liebe. Je nachdem, was gerade möglich ist. Wer entspannt ist, kann nicht negativ sein. Du solltest dich nicht mit negativen Gefühlen, Gedanken oder aufkommenden Zweifeln selbst sabotieren, sonst klappt das Ganze nicht. Wie du in die Entspannung kommst, hast du ja in diesem Buch schon gelernt. Such dir eine der Möglichkeiten aus dem letzten Kapitel aus!

Schritt zwei

Ob du dir jetzt ein Buch nimmst, in dem du deine Manifestationen aufschreibst, oder sie in den Himmel sprichst, dir selbst eine Sprachnachricht dazu schickst oder eine andere Art wählst: Wichtig ist erst mal, dass du dir genau darüber bewusst wirst, was die Intention deiner Manifestation sein soll. Was genau willst du? Dann schließt du die Augen und visualisierst dir genau das Leben, das du haben willst. Als wäre der Wunsch, der dich quält, erfüllt. Wie sieht dein Leben dann aus? Wie fühlt es sich an? Spüre es im Jetzt. Führe es in deine Existenzebene, denn du weißt ja, das Gehirn kann Vorstellung und Realität nicht unterscheiden. Dann öffnest du die Augen und formulierst deine Gedanken klar aus, am besten in einem oder ein paar positiven Sätzen und so, als wäre es schon längst geschehen. Als wäre das, was du willst, der Ist-Zustand. Du sprichst

also in der Gegenwartsform. Zum Beispiel: »Ich bin eine erfolgreiche Ärztin mit einem wundervollen Team in der Klinik Buxtehude. Ich habe langes, blondes Haar, ein einnehmendes Lächeln und einen wundervollen Ehemann, der mir jeden Morgen meinen Lieblingskaffee kocht.«
Das wäre jetzt ein Beispiel für eine künftige Karriere samt Lebensweise. Du kannst es thematisch auf alles münzen, von kleinen Dingen bis zu großen. Kein Wunsch ist zu riesig oder zu unrealistisch, denn du formst deine Realität in deinen Maßstäben.

Schritt drei

Dankbarkeit ist das Nächste. Du hast ja schon gelernt, dass sich Dankbarkeit positiv auf dein Gehirn und somit auf deine Biochemie auswirkt. Da gehe ich voll mit. Sie sollte immer mittrainiert werden. So auch hier. Wenn du also deinen energetischen Erguss in den Äther gegeben hast, solltest du Dankbarkeit walten lassen. Da du ja alles so formulierst, als sei es schon geschehen, ist ein Danke für das schon Geschehene natürlich angebracht. Das kannst du ausformulieren oder einfach spüren, denn du solltest ja gerade eh in positiven Gefühlen schwimmen, sofern du alles richtig gemacht hast.

Schritt vier

Hier geht es darum, in die Leichtigkeit zu finden. Ich weiß nicht, ob du schon mal was vom »Lucky-Girl-Syndrome« gehört hast. Der Begriff hat sich vor allem durch die sozialen Medien in der jüngsten Generation geprägt, basierend auf dem klassischen System der Manifestation, wenn die Leichtigkeit im Leben auf die Spitze getrieben wird. Fast schon wie im Delirium ist man der festen Überzeugung, dass man ein Mensch ist, der das Glück und die Gunst des Universums mit großen

Löffeln hinuntergeschlungen hat. Man lebt in einer Illusionsblase, so lange, bis es Wirklichkeit wird. Genau das sollst du in Schritt vier machen.
Hier musst du nur aufpassen, dass dich die Leute um dich herum nicht für einen pathologischen Lügner halten, weil du alles in der Gegenwartsform schon so formulierst, als wäre es Wirklichkeit, obwohl es das, teilweise sehr ersichtlich für andere, vielleicht noch nicht ist. Bei einer zu extremen Ausprägung wirkt es, als hätte man den Anker in der Realität komplett verloren. Das kann im schlimmsten Fall zu ernsteren psychischen Problemen führen. Ich würde also eher einen Mittelweg empfehlen. Humor ist dabei eine sehr gute und für viele auch natürliche Strategie, mit der Unwegsamkeit einiger Lebensphasen umzugehen und zugleich schöne Momente positiv auszubauen und zu unterstreichen. Das bringt ausreichend Leichtigkeit in den verhärteten Alltag.

Wichtig für ein erfolgreiches Leben mit gelingenden klassischen Manifestationen ist es, dass du immer versuchst, entspannt und glücklich zu sein. Dass du alles mit Leichtigkeit nimmst, egal was dir entgegengeworfen wird. Denn nach dieser Auffassung kommt alles zurück, was du hinausgibst. Und sollte es mal schwerer werden, scheint es wohl eine Prüfung zu sein, die du dir selbst auferlegt hast. Du musst halt dauerhaft in diesem seichten Mindset von »Es ist alles so, wie es sein soll, und der Rest wird schon, das weiß ich, da bin ich mir sicher« sein. Nur hat man mit Schattenarbeit, Vertrauenstraining, Intuitionstraining, Entspannungsübungen und in meinem Fall auch Therapie wirklich viel zu tun, um das ganze verkorkste innere System einmal aufzusprengen und neu zu sortieren … und dann erfolgreich klassisch zu manifestieren. Mit diesem Buch hast du aber für vieles schon mal einen Leitfaden. Aber ein Buch allein wird nicht alles abdecken, was nötig ist, um dieses Mindset zu meistern. Das kostet viel Mühe, Liebe, Geduld, Hingabe, Wille, Schweiß und etliche Tränen. Je nach Startpunkt im Leben, geprägt aus Kindheit und Jugendzeit. Hier muss ich aber sagen, dass ich glaube, dass es von jedem erreicht werden kann. Für den einen ist es nur härter und langwieriger als für den anderen. Schön aber ist, dass es sich für jeden lohnt und du niemals aufgeben solltest. Gib dir Zeit. Es muss nichts über Nacht geschehen. Ich habe mehr als zehn Jahre gebraucht und es ist wirklich kein Wettbewerb, in dem du es möglichst schnell schaffen musst. Damit möchte ich dir Mut machen, wenn du hier gerade liest und denkst:

»Oh, bei den Göttern, wo soll ich anfangen?«
Nun, irgendwo. Einfach irgendwo.
Und dann Schritt für Schritt. Du schaffst das!

Was du vermeiden musst: Die klassischen Manifestationsmethoden haben einen weiteren großen gemeinsamen Nenner und das sind ihre absoluten Dont's. Die schlimmsten Dinge, die du machen kannst, weil sie dich scheitern lassen. Negatives Denken gehört dazu – das sollte klar sein. Negatives Fühlen auch. Aber ebenso schlimm ist es, das Wörtchen »nicht« zu nutzen. Denn es wird behauptet, dass das Universum zu dumm ist, das zu verstehen. Es kann nur das Ist wahrnehmen. Wenn du also sagst »Ich möchte nicht krank sein«, dann wirst du – heißt es – erst recht krank. Du musst es positiv und zielbringend umformulieren: »Ich will gesund sein.« Beziehungsweise, du weißt ja, dass du immer in der Gegenwartsform reden musst, also: »Ich bin fit, gesund und springe herum wie ein Flummiball. Danke für den Energieschub.«
Was dich ebenso blockieren kann, ist, zur sehr von deinen Visionen, also deiner Intention besessen zu sein. Es wird gesagt, dass du diese am

besten vergessen sollst. Du gibst also deine Bitte, deine Manifestation hinaus und danach darfst du nicht weiter darüber nachdenken. Ehrlich, ich weiß nicht, wie das gehen soll. Das ist wie: Denk nicht an einen rosa Elefanten. Na toll. Das Gehirn tut es automatisch und erst recht, wenn ich ein Bedürfnis habe, dann kommt es ja immer wieder hoch, bis es befriedigt ist. Aber vielleicht bist du darin einfach besser als ich. Vergessen konnte ich nur, wenn es mich entweder nicht mehr interessiert hat, weil sich meine Ziele geändert haben, oder es einfach urst lange her war. Witzig war es dann jedoch immer, meine alten Manifestationsbücher zu finden und zu sehen, was alles in Erfüllung gegangen war.

MEIN FAZIT

Die klassische Manifestation, basierend auf dem Gesetz der Anziehung, ist in drei maßgebliche Teile einzuteilen: bitten, glauben, empfangen. Was ich grundsätzlich gut an dem Ganzen finde, ist, dass es dich ermutigt, durch den Fokus auf das Schöne mehr Wertschätzung in dein Leben zu bringen. Klar ist nämlich, dass das Überwinden von Hindernissen und das Erreichen von Zielen von dir verlangt, deine eigenen Potenziale anzuerkennen – und das ist etwas durchweg Wundervolles, zu dem ich jeden ermutigen will! Immerhin haben auch Studien ausreichend belegt, dass du dein Können und deine geistigen Ressourcen besser entfalten und ausbauen kannst, wenn du entsprechend liebevoll über dich und deine Talente denkst. Das fördert eine zielgerichtete Motivation, statt gelangweilt und frustriert vor sich hinzuleben und motivationslos auf Veränderung zu warten.

Nicht zustimmen kann ich der Idee, dass Menschen zu jeder Zeit und immer komplett an ihrem Unglück selbst schuld sind. Da gibt es doch ein paar mehr Faktoren. Natürlich gibt es viele Situationen, wo wir uns selbst in die Scheiße reiten, aber eben nicht nur. Dem Konzept, dass unangenehme Dinge nur aufgrund von negativem Denken oder Fühlen geschehen, muss ich widersprechen. Ich halte das für nachgewiesenermaßen falsch. Mein letzter Rat hier ist also, dich von der autoritären Auslegung dieses Gesetzes nicht allzu sehr beeindrucken zu lassen. Du weißt, ich habe es nicht so mit Autoritäten, totalitärem Denken oder elitärem Gedankengut. Langweilig. Unnötig selbstbeweihräuchernd. Und wenn du meinen Zeilen interessiert bis hierher gefolgt bist, dann geht es dir sicherlich ähnlich.

Wir wählen die Freiheit. Wir wählen, was funktioniert.
Wir probieren aus und finden neue, bisher ungenutzte Wege.
Wir sind halt Rebellen. Was soll's?

THE MISFIT

Gab es eine Zeit, wo du dich anders gefühlt hast? Oder ist es heute noch so? Hast du Schwierigkeiten, Anschluss zu finden, oder wirst du ausgegrenzt? Kannst du all diese gesellschaftlichen Erwartungen nicht erfüllen, weil sie gar nicht erfüllbar sind? Was ist oder war es bei dir? Zu schüchtern oder zu laut? Zu schön oder doch angeblich zu hässlich? Zu dick oder zu dünn? Zu dumm oder aber der Streber? Egal wie du bist, irgendwie kann man es den Leuten doch nicht recht machen. Sei bitte nicht zu viel, denn das ist anstrengend, aber sei auch gefälligst nicht zu wenig, du Schmarotzer! Finde immer genau das richtige Maß! Balance! Balance! BALANCE! Hab keine Ecken, keine Kanten, sei rund, sei im Fluss, sei schwingend, sei flüssige Masse ohne Willen. Pass dich an. Pass da rein! Gib dich hin, beschwer dich nicht, denk positiv, denk positiv, denk positiv!
STOPP!

Ich kann nicht mehr. Ich kann das nicht mehr. Ich kann dem nicht gerecht werden. Nein, noch mehr! ICH WILL NICHT MEHR! Es macht mich kaputt. Und jeder weiß es, jeder empfindet denselben Schmerz. Wieso erhalten wir als Gesellschaft kollektiv eine Erwartung aufrecht, die uns alle niedermalmt? Aus Scham, derjenige zu sein, der offen kundtut, dass er es nicht mehr erträgt? Dass er nicht mehr will? Dass er nicht mehr mit dem Strom schwimmen wird? Wir kennen sie. Die Außenseiter. Die Ausgeschlossenen. Die Weirdos. Keiner will einer von ihnen sein, denn alles in unserem Innersten schreit: Rudeltier. Zusammenhalt. Gemeinschaft. Das macht uns aus. Wir brauchen das. Zum Überleben. Damals für unseren physischen Erhalt, heute gleichsam für unseren psychischen. Also versuchen wir, uns zu verbiegen, unsere Ecken unter Tränen abzuschleifen, damit wir ja nirgends anstoßen. Wie anstößig das auch wäre! Das geht nicht. Das kann nicht sein. Und mit jedem dieser Dogmen, die wir uns als Kollektiv selbst auferlegt haben, stirbt ein Teil Individualität in uns. Wir passen uns an, unsere Charakterzüge, die uns einzigartig machen, wir pressen sie, so gut es geht, in die Erwartungsbox. Um die Schule zu überstehen, unsere Eltern nicht zu enttäuschen, um diesen einen Job zu bekommen, um die Beziehung am Laufen zu halten. Aber was ist, wenn ich dir sage, dass gute und schlechte Eigenschaften bis zu einem gewissen Grad nur eine Illusion sind? Eine Wertigkeit, die erst im Außen eines Dritten eine Bewertung erhält und die zwischen zwei Betrachtern zwei absolut unterschiedliche Meinungen nach sich ziehen kann? Wäre es dann nicht sinnvoll, dir die Eigenschaften anzueignen, die du für dich haben möchtest? Die dir liegen? Mit denen du, wenn du die Variablen des Außen mal unbeachtet lässt, glücklich bist? Wenn du ein Altruist bist, der sich für andere aufopfert, machst du das nicht auch, weil es dir ein gutes Gefühl gibt? Ist es dann noch wahrhaft altruistisch? Immerhin beziehst du auch einen Mehrwert daraus. Und was ist, wenn ich dir sage, dass du der netteste Mensch auf Erden sein kannst und genau mit dieser tollen Eigenschaft Leuten auf den Sack gehst? Wer immer nett ist, versucht, es allen recht zu machen, zieht schwerer Grenzen, weil er andere nicht vor den Kopf stoßen will, und tut sich schwerer, sich für andere einzusetzen. Jede Eigenschaft hat zwei Seiten und es kommt auf den Betrachter an, welche er sich ansehen will.

Empfindest du es als skrupellos, wenn jemand über andere hinweggeht, um seine Ziele zu erreichen? Aber genau diese Person würde sich bis zum blutigen Bekriegen für dich einsetzen, wenn du ihre Hilfe brauchst. Weil es ihr egal ist, wenn sie dafür jemanden vor den Kopf stoßen muss. Vielleicht ist es ihr auch gar nicht egal, aber sie kann mit der unangenehmen Resonanz eben leben. Sie hält sie aus. Alles hat zwei Seiten. Am Ende des Tages musst du wissen: Wer willst du sein? Wirklich. In der Tiefe, für dich selbst.

Wenn du unter chronischen Depressionen leidest – meinst du, die Alles-Licht-und-Liebe-Einstellung der New-Age-Hippie-Bewegung kann dir nachhaltig helfen? Oder eher ein Workaround, um mit den schlechten Phasen besser umzugehen, sie durchzustehen, auszuhalten und in den guten richtig abzuheben? Der Archetyp des unerreichbaren Lichtarbeiters, der immer in perfekter Balance ist, bei dem alles läuft, der sich immer im Griff hat, ist eine Lüge. Eine Lüge, gemacht vom selben Kollektiv, das immerzu behauptet, das kollektive Bewusstsein heilen zu wollen. Aber meinst du, einen Standard zu setzen, dem die meisten Menschen aus dem echten Leben nicht gerecht werden können, ist die angepriesene Heilung? Die Lösung? Ich glaube kaum. Ich sehe Menschen daran zerbrechen. Sie verlieren die Hoffnung. Ich sehe sie zweifeln, weil sie »nicht so sein können«. Und wofür? Ich schaue mir diese Leute an, die immerzu vom Gesetz der Anziehung predigen, deren Lebensinhalt nichts anderes zulässt, und sie kommen mir vor wie schale Hüllen ihrer selbst. Um sie herum ist immer eine bizarre Aura, unglaubwürdig, aufgesetzt, eben einfach zu perfekt. Und wir Menschen sind nicht perfekt, wir sind Verrückte in Fleischanzügen, die versuchen, einen Sinn im Chaos des Univer-

sums zu erkennen. Aber das Universum schweigt und lächelt, lädt uns ein, es zu erleben, statt immerzu zu hinterfragen.
Und wozu das alles? Wozu erschaffen sie diesen Archetypen, erhalten ihre Masken aufrecht, hinter denen einst vielleicht mal gute Absichten versteckt waren? Geld. Wessen Leben perfekt wirkt, der kann das perfekte Leben auch verkaufen. Den jeder will dieses perfekte Leben. Und wer ist als Zielgruppe besser geeignet als die Verzweifelten? Die Suchenden? Die Misfits dieser Welt? Also brüllen sie, einer lauter als der andere, dass sie das Glückselixier hätten. Die Lösung dafür, endlich in den Strom der Gesellschaft zu finden. Dann macht es nach einigen Buchungen und Tausenden Euro weniger auf dem Konto zack – und du bist eingerastet. Du bist nun Teil des großen Ganzen. Glückwunsch.
Und wen lassen wir dabei zurück? All die Menschen, die diese spirituellen Arbeiter nicht sehen wollen. Die, deren Gehirne sich durch Traumata verändert haben. Nachhaltig. Was ist mit denen? Die mit geistigen Einschränkungen oder Entwicklungsstörungen auf die Welt kamen? Ja. Genau. Sie werden ignoriert oder man findet Ausreden. Wieso sagt keiner was? Wieso wird es einfach hingenommen, dass die spirituelle Szene im Großen und Ganzen für psychische Erkrankungen und Einschränkungen nur ein müdes Lächeln übrighat? Ein »Du hast es selbst in der Hand, es ist deine Entscheidung«? Wann hat sich diese toxische Scheiße zur Norm verkehrt? Von wem kommen solche Sätze? Von Leuten, die nie selbst betroffen waren. Denn wären sie es, würden sie so was nicht sagen. Sie hätten Verständnis. Dafür, dass sich alle immer als so emphatisch, feinfühlig, ja, hellfühlig bezeichnen, ist das erstaunlich empathielos.
Ich bin es leid. All die falschen Versprechungen, die schnellen Lösungen. Wenn man nur den richtigen Betrag ausgibt. Ich habe keine perfekte Lösung parat, aber ich will mein Wissen teilen. Als Mensch, dem sein Leben lang mehr als deutlich gemacht wurde, dass er nicht dazugehört. Dass es für ihn keinen Platz gibt. Nicht wirklich.

Und der selbst in der Spiritualität immer wieder übergriffige Analysen und Bewertungen über sich ergehen lassen musste, die nichts damit zu tun hatten, was wirklich in mir vorging. Egal wo ich hinging, erfuhr ich Ablehnung. Also musste ich mir meine eigenen Methoden ausdenken, um zu verstehen, wie mein System arbeitet, mein Gehirn, meine Seele, um magisch und energetisch wirken zu können. Um Erfolge zu erzielen. Denn alle diese Methoden, die von den perfekten, ausgeglichen Menschen zelebriert werden, halfen mir nur wenig. Dafür bin ich zu emotional, zu wild, zu sehr all over the place.

Und weißt du was? Ich liebe das an mir. Ich will das nicht ablegen, nicht mehr. Und seit ich zelebriere, was mich anders macht, seitdem bin ich Jahr für Jahr glücklicher geworden. Ich habe Wege gefunden, meine Energien so zu kanalisieren, dass sie mir nützen, statt mir Steine in den Weg zu legen. Und ich hoffe, ich kann dir dabei behilflich sein, dass du selbiges für dich tust. Auch wenn es keinen Platz für mich gab, ich habe mir einen erschaffen und ich möchte dich einladen, dort Platz zu nehmen, wenn du dich rastlos fühlst. Vielleicht kannst du ja die eine oder andere wertvolle Erkenntnis mitnehmen, bevor du aufbrichst, um deinen eigenen Ort zu finden und zu bebauen. Ich wünsche es dir.

Das Thema Medikamente

Als gefährlichen Unsinn bezeichne ich es, wenn sogenannte Heiler und Coaches Menschen nicht behandeln wollen, weil sie Medikamente nehmen. Es gibt psychische Erkrankungen, bei denen die Medizin entscheidend sein kann, da biochemische Prozesse im Gehirn nicht regulär funktionieren und mit gut eingestellten Medikamenten in gesunde Bahnen gebracht werden müssen. Magie, Energiearbeit und Manifestation können der Heilung enorm helfen, aber sie können keine therapeutisch notwendigen Maßnahmen ersetzen!

MODERNE ZEITEN, MODERNE MANIFESTATIONSMETHODEN

Natürlich gibt es mittlerweile verschiedenste interessant gestaltete Manifestationstechniken, die über die ganz klassische hinausgehen. Hier mal eine ausgewogene Variationsvielfalt, wobei jedoch alle auf der LoA basieren. Entspann dich, lies die kommenden Seiten in Ruhe durch und horche tief in deinen Bauch, was zu dir passen könnte.

VISIONBOARD-MANIFESTATION

Ein Visionboard ist eine physische, bildliche Darstellung deines Traumlebens. Bei dieser Methode geht es vor allem darum, deine Wünsche greifbar und sichtbar zu machen. Denn wenn du etwas aktiv tust, hast du das Gefühl, dass etwas geschieht. Für viele ist es so einfacher, als die energetische Arbeit nur im Kopf stattfinden zu lassen. Zudem kannst du dich dabei auch gleich noch kreativ und ästhetisch ausdrücken. Sollte dir das also liegen und Freude bereiten, wäre das eine ziemlich gute Manifestationsmethode für dich.

Visionboard-Manifestation

Folge deinen persönlichen Vorlieben. Du kannst dich im Bastelprozess richtig austoben. Der Klassiker ist ein DIN A3 großes Stück Pappe, das mit Fotos und Zeitschriftenausschnitten arrangiert wird. Du brauchst also auch Schere und Kleber. Alternativ gehen Reißzwecken, das erleichtert es, später Elemente auszutauschen. Überkleben geht aber auch. Oft genutzt werden energetisch starke Mantras oder Zitate, die dir Kraft verleihen und dich an die Ausrichtung auf dein Ziel erinnern.

Während du dein Visionboard planst und alles dafür in kreativer Freiheit zusammensammelst, stell dir die Frage: Was möchte ich in mein Leben einladen? Du kannst ein Visionboard einem Thema wie der Liebe widmen oder du hast verschiedene Areale für Erfolg, Aussehen, Beziehung, Lebensumstände … und was dir noch so einfällt!
Wenn du dir einen Plan gemacht und alles beisammen hast, was du verwenden willst, beginnt der spaßige Teil. Jetzt kannst du erst mal alles lose drapieren, schauen, wie es wo gut wirkt, was miteinander harmoniert und wo die Themen und Elemente gut ineinandergreifen. Wichtig ist, dass du den Spaß am Prozess voll auskostest, denn der ist essenziell für den Erfolg. Damit richtest du die Grundenergien und deine Glaubenssätze entsprechend aus.
Hier noch einige Inspirationen für verschiedenste Elemente:

- Zur Stärkung der Verbindung mit der Natur: Federn, Sand, Muscheln, Erde, gepresste oder getrocknete Blumen, Steinchen, Äste, Schnitzereien, Wolle, Fellstück (symbolisch reicht auch falsches Fell oder Leder)
- Für das Reisen: Postkarten, Schiffe, Flugzeuge, Züge, Wolken, Abbildung der Erde, Sternenhimmel, Weltkarte, Ortskarten, Umrisse eines Landes mit Nadelmarkierung für den Ort
- Um Liebe anzuziehen: Ein Foto, auf dem du wirklich glücklich bist, Kirschblüten, Rosen, poetische Zitate, die für dich Liebe in Worte fassen, Liebesbriefe, mit Parfüm besprühte Zettel
- Um inneren Frieden zu finden: Foto eines blauen Himmels, Bergkristall, Selenitsplitter, weißes Wachs, Bilder von Meditation, aufeinander gestapelten Steinen oder einem Fluss
- Für mehr Geld und größeren Erfolg: Münzen, Geldscheine, Kristalle, die Farbe Gold und Silber, Ketten, Schmuck, Katzengold, eine symbolische Karriereleiter mit einem Ziel oben

> Es macht Sinn, auf deinem Board etwas Platz zu lassen, um später noch etwas hinzufügen zu können. Einmal im Monat solltest du schauen, ob die Ziele noch deinen Wünschen entsprechen, was du schon erreicht hast, was du entfernen oder hinzufügen möchtest.
> Wichtig ist, dass du dich mehrmals die Woche fünfzehn Minuten davorsetzt und mithilfe des Visionboards dein Traumleben visualisiert. Genau dafür ist es. Es ist kein passives Brett, das nur Staub sammelt. Es ist eine aktive Erinnerung, dich immer wieder damit zu verbinden und deine Energien auf deine Ziele gerichtet zu lassen.

CHAOTIC ART MANIFESTATION

Wo wir schon bei künstlerischem Ausdruck sind, will ich hier noch eine Methode listen, die nochmals explizit auf die Menschen eingeht, die sich wirklich als Künstler fühlen, da sie gern malen, zeichnen oder sich ähnlich ausdrücken. Die eine Leidenschaft und gleichzeitig einen Ruhepol bei den malerischen Künsten gefunden haben. Für sie ist das Visionboard mit vorgefertigten Elementen vielleicht etwas schnöde, denn sie wollen lieber alles selbst machen. Kunst ist ein enorm energetischer Prozess, du konzentrierst dich, bist mit Geist und Seele, aber eben auch körperlich dabei, um sie zu erschaffen.
Du kannst Manifestationen oder – wie in meinem Fall Zauber – nämlich auch in deine Kunst einweben. Kunst ist die Quintessenz von dir, der energetische Abdruck in reiner Form. Als würdest du mit nackten Füßen durch den Lehm laufen und der Abdruck würde für Generationen nach dir noch konserviert sein.

Künstlerisch manifestieren

Du kannst dein Visionboard mit deiner Kunst ergänzen, indem du einzelne Elemente kreierst und dort drapierst, oder du widmest dich einer Leinwand, die du im Ganzen einem Lebensthema weihst. Aus meiner Erfahrung bietet es sich an, eine DIN A4 große Leinwand zu nehmen. Egal ob Aquarell, Gouache, Marker oder etwas ganz etwas anderes – zeichne das, was passieren soll, und webe in jeden Pinselstrich deine Emotionen mit hinein. Digital ist das Ganze ebenso möglich.

Ich zeichne meinem besten Kumpel seit fast zehn Jahren jedes Jahr ein Bild zum Geburtstag. Das hat sich so als Ritual eingeschlichen. Etwas Besonderes. Etwas, was wirklich einzigartig ist. Jedes neue Werk ist anders, weiterentwickelter, aber es sind immer die gleichen zwei Charaktere darauf zu sehen. Eine Qualle und ein Bär. Manchmal in tierischer Form, manchmal in menschlicher. Mein bester Freund war nie mehr als das, bis ich eines Tages nach einer Therapiesitzung aufwachte und dachte: »Scheiße! Ich liebe ihn! Schon immer!« Mein Gehirn hatte es in all seiner Angst davor, jemanden zu verlieren, so sehr verdrängt, dass ich niemals auf die Idee gekommen wäre, dass dies möglich ist. Jedoch wusste ich auch, dass es nichts werden würde. Es war einfach zu der Zeit nicht möglich. Schwerer Liebeskummer war die Folge. Also malte ich meine Gefühle viel zu viele Monate zu früh in sein Geburtstagsbild – ich malte, was ich mir sehnlichst wünschte. Ich ließ meine Sehnsüchte, Gedanken, Emotionen hineinfließen. Das erste Mal malte ich uns, uns als reale Personen, nicht als fiktive Wesen, was dem Ganzen viel Schwere verlieh. Rückblickend betrachtet. In dem Moment fühlte es sich aber richtig an. Ich war mir nicht sicher, ob ich es ihm wirklich geben würde, das Bild war doch sehr direkt. Zu meinem Glück wurden wir kurz vorher ein Paar, sodass es nun heute stolz an seiner Wand hängt, neben den anderen.

Auch wenn dieses Bild nicht die einzige energetische Sache war, mit der ich auf dieses spezielle Ziel hinarbeitete, war es doch der Startpunkt. Und ein sehr heftiger. Ergänzend möchte ich aber erwähnen, dass ich ihn zu nichts gezwungen habe. Ein späterer Zauber, den ich in alter Hexenmanier wirkte, war explizit darauf ausgelegt, das Ganze zu beschleunigen, mit der Freiheit: Würde er nichts für mich empfinden, würde auch ich meine Gefühle loslassen. Die Beschleunigung gelang, war aber unnatürlich und brachte einiges an Drama mit sich. Das muss man bedenken, wenn man Dinge manipuliert. Es wird dadurch unkontrollierbar holprig. Deswegen pass bitte explizit bei energetischer Liebesarbeit auf, wenn sie sich auf eine bestimmte Person bezieht. Das kann auch übel nach hinten losgehen. Dann wird der ersehnte Erfolg auch mal zum unerwünschten Albtraum.

369-TESLA-METHODE

Nikola Tesla dürfte dir als Wissenschaftler ein Begriff sein. Du weißt schon: Energie und so. Er wurde 1856 geboren und starb im Jahr 1943. Durch seine Experimente gab es die ersten Erfolge in Sachen Wechselstrom. Elektromotoren, Neonröhren, Mikrowellenherde, das Radio und die Fernsteuerung haben wir letztlich ihm zu verdanken. Nikola Tesla war seinerzeit ein spiritueller Mensch, trotz aller Wissenschaft vereinigte er beide Aspekte in sich. Er hatte beispielsweise das Gefühl, von der Zahl Drei verfolgt zu werden. Die Drei (und damit die Dreifaltigkeit) wurde für ihn eine treibende Kraft. Darum ließ er sich nur in Hotelzimmern nieder, deren Nummern durch drei teilbar waren. Amüsanterweise hatte er auch die Eigenart, immer dreimal um ein Haus herumzugehen, bevor er es betrat. Er trieb es also mit seiner Fixierung auf die Zahlen bis auf die Spitze. Ganz so musst du natürlich nicht eskalieren!

369-Tesla

Greif dir ein Blatt Papier und setze eine klare Manifestierung, so was wie: »Ich bekomme eine Gehaltserhöhung.« Das schreibst du dann am Morgen dreimal auf, am Nachmittag sechsmal und am Abend neunmal. Mach das ganze drei, sechs oder neun Tage lang, je nachdem, wie intensiv du es haben willst und wie viel Energie du in das Thema geben möchtest.
Durch die starke Fokussierung auf das Thema und die häufige Wiederholung setzt du Stück für Stück mehr Energie für die Erfüllung deines Ziels frei.
Die Drei steht für die Quelle allen Seins, für die Verbindung zum Universum. Die Sechs steht für die Energie in uns selbst und spiegelt die Stärke in uns wider. Die Neun steht für das Göttliche, für Wachstum, Veränderung und die Befreiung von alten Mustern.

Wie du siehst, ist die Methode recht pragmatisch und eher eine Fleißarbeit, die du mit einem Handywecker sorgfältig verfolgen kannst. Das ist wohl auch einer der Gründe, wieso diese Methode so bekannt wurde und sich so großer Beliebtheit erfreut.

LUZIDES MANIFESTIEREN

Luzides Träumen ist eine Form des bewussten Träumens. Du schläfst tief und fest, weißt aber, dass du gerade träumst, und kannst im geübten Idealfall deinen Traum dann aktiv steuern. Manche können das von Natur aus, viele müssen es üben. Das enorm Wertvolle an diesem Traumzustand ist, dass er denselben tiefen Zugang zu deinen unterbewussten Energien zulässt, wie es sonst nur meist drogeninduzierte Trancezustände schaffen.

Die meisten Klarträume kommend während des REM-Schlafs (Rapid Eye Movement). Dies ist das Stadium des Schlafzyklus, in dem der präfrontale Cortex in deinem Gehirn besonders aktiv ist. Deine Muskeln sind dabei jedoch wie gelähmt. Jetzt kannst du sehr viel lebendiger und realistischer manifestieren, weil deine Fähigkeit zur Visualisierung so effektiv nutzbar ist wie sonst nie. Du siehst alles gestochen scharf und die Grenzen der physischen Welt werden aufgelöst.

Das luzide Träumen zu erlernen, ist ein längerer Weg und es wird meist nötig sein, dabei deinen Schlafzyklus zu stören. Das kann psychische Erkrankungen wie Depressionen befeuern. Weitere Nebenwirkungen können Dissoziation, Schlaflähmungen oder aber das Verschwimmen der Grenzen zwischen Fantasie und Realität sein. Entsprechend pass etwas auf, solltest du dich von dieser Warnung angesprochen fühlen! Nimm dann doch lieber eine andere Methode.

Manifestieren beim luziden Träumen

Wichtig ist zuerst eine gute Schlafhygiene. Eine feste Schlafenszeit ist eine enorme Erleichterung, um die Kunst des luziden Träumens zu erlernen. Koffein und Alkohol am Tage oder Abend machen es dir fast unmöglich, in der Nacht luzid zu träumen, darauf solltest du also schon mal verzichten. Förderlich ist es zudem, mindestens dreißig Minuten vor dem Schlafengehen nicht mehr auf einen Bildschirm zu schauen. Wecker also davor einstellen. Diese paar Sachen können deine Schlafqualität schon enorm steigern.

Es gibt zum Erlernen des luziden Träumens etliche Methoden, die mnemonische Induktion (kurz MILT oder MILD) ist vielen die liebste, weil sie relativ schnell zu ersten Erfolgen führt. Sie stammt von Stephen LeBerge. Also: Stell deinen Wecker zwei Stunden früher als üblich. Nimm dir dabei ganz bewusst vor, heute luzid zu träumen und dem, sobald der Wecker klingelt, nachzugehen. Schlafe mit dem Willen und der Vorstellung ein, dass du diese Nacht einen Klartraum erleben wirst. Wenn dich der Wecker dann weckt, bleibst du erst mal liegen und versuchst dich daran zu erinnern, was du gerade geträumt hast. Vielleicht war es schon ein luzider Traum, vielleicht erst mal nur ein normaler. Egal. Solltest du dich an den Inhalt deines Traums erinnern, stehst du auf, läufst kurz herum oder machst Jumping Jacks. Hauptsache, der Kreislauf fährt hoch und du wirst wach. Beiß dich durch und bleib eine halbe Stunde lang wach und notiere jedes noch so bescheuerte Detail deines Traumes.

Danach legst du dich wieder aufs Ohr und stellst den Wecker auf deine übliche Aufstehzeit. Du hast jetzt also noch neunzig Minuten. Fokussiere deine Gedanken wieder darauf, deinen kommenden Traum zu erkennen und aktiv steuern zu wollen. Mit etwas Glück stapfst du nun in deinen ersten oder gar nächsten luziden Traum. Egal was passiert, selbst wenn du es nicht mehr schaffst, wirklich einzuschlafen, solltest du die ganzen neunzig Minuten im Bett liegen bleiben. Wenn du wieder einschläfst, versuche dich auch beim erneuten Aufstehen an alles zu erinnern, und notiere es dir in ein Traumtagebuch.

Selbst wenn du alles richtig magst, kann es einige Versuche benötigen, bis du in die Routine reinkommst und deinen ersten luziden Traum erlebst. Lass dich nicht frustrieren, möglich ist es auf jeden Fall! Wenn es dann klappt, kannst du in dieser Welt dein zu manifestierendes Wunschleben grenzenlos erschaffen, nachfühlen, erleben und so kreieren, als wäre es schon die Realität. Luzides Träumen befähigt dich, grenzenlos deine neue Realität zu erschaffen.

ORGASMUS-MANIFESTATION

Die Idee, einen Orgasmus beim Manifestieren zu nutzen, kommt aus der Hexerei, speziell der Sexmagie. Der Orgasmus bietet dir eine Reihe von mentalen und physischen Vorteilen, weil du mit Serotonin, Dopamin und Oxytocin überschwemmt wirst. Dadurch wird Angst gelöst und Stress abgebaut. Und es wird eine Menge Energie frei. Also wieso das Schöne nicht mit dem noch Schöneren kombinieren?

Manifestieren mit dem Orgasmus

Such dir dein Ziel und mach es physisch greifbar in Form eines Zettels, Fotos oder etwas Ähnlichem. Jetzt kannst du deine Fantasie zur Luststeigerung nutzen und dich ganz auf die Geilheit konzentrieren, bis du kurz davor bist. Dann schaust du deinen tollen Zettel an und lässt es einfach geschehen.
Ich halte es nicht zwangsweise für nötig, dich in diesem Moment in das Ziel einzufühlen, da dies sehr kontraproduktiv für den Orgasmus sein kann. Wenn du richtig geübt darin bist, okay, go for it! Nutze deinen Fokus maximal aus. Als Anfängerübung ist es aber wesentlich einfacher, beim Klimax einfach nur passiv auf sein Ziel zu schauen.
Spielzeuge und Sexpartner können natürlich gern helfen. Bei Letzterem solltest du deine Absicht vielleicht vorher erklären, sonst könnte es etwas merkwürdig werden.

Bei der Sigillenmagie wird der Orgasmus ebenfalls als Aktivator genutzt, um energetisch stark arbeiten zu können. Alles dazu lernst du in meinem Kurs »Sigillenmagie«, den du als Teil vieler interessanter Kurse und magischer Module in meiner vollumfänglichen Hexenausbildung auf meiner Homepage findest.

Innovativ manifestieren – The Rainbow Method

MEINE EIGENE, ETWAS SCHRÄGE METHODE

Ja, jetzt kommt meine Methode. Das große Geheimnis. Nein, eigentlich nicht. Ich will ja, dass sie viele kennen. Aber sie ist eben … anders. Schräg. So wie ich. Lass dich drauf ein! Sie ist für alle Menschen, die sich nicht 24/7 mit ihren Gedanken und Gefühlen unter Kontrolle haben.

Man könnte bei den ganzen spirituellen Obergurus im Internet nämlich anfangen zu glauben, dass es unnatürlich sei, etwas anderes als vollumfängliche Liebe und Glückseligkeit zu empfinden. Aber ehrlich – wem geht es so? Schmeißen wir also all diese hehren Ideen vom Absoluten und der Erleuchtung, die wir aus der Ecke der klassischen Manifestation eingetrichtert bekommen haben, mal kurz über Bord. Scheiß drauf. Du weißt schon, ich bin diese merkwürdige Göre, die den Tisch der Regeln einmal umflippt. Rebellen schreiben die Regeln neu. Und weißt du was? Das Universum liebt mich dafür.

Schön und gut, dass der Licht-und-Liebe-Pfad für einige supergut geklappt hat. Für mich nicht. Denn ich bin ein Mensch mit Emotionen, oh ja. Sehr vielen, sehr lauten Emotionen. Und zu Ehren meines Namens wurde meine innovative Methode eben auf »Rainbow Method« getauft. Mit Regenbogenmethode kann ich mich aber auch noch anfreunden. Der Name auch dahingehend, dass der Regenbogen sieben Farben hat und wir Menschen sieben Grundemotionen.

Und genau mit denen wirst du jetzt zu arbeiten lernen! Mit allen sieben! Über zwei davon wird ja immer geredet: Liebe und Freude. Das war's. Aber da gibt es noch so, so viel mehr! Und du willst mir doch nicht erzählen, dass wir nur zwei Siebtel unseres emotionalen Spektrums und somit energetischen Potenzials nutzen dürfen? Dass nur zwei Siebtel einen Mehrwert für uns haben und der Rest ist Müll? Pfff! C'mon! Das macht keinen Sinn. Lass uns von allem profitieren!

BULLSHIT-BINGO DER FREQUENZLEHRE

Ob nun von Frequenzen, Vibrationen oder Schwingung die Rede ist, in der Esoterik bezieht man sich damit immer auf die energetische Qualität von feinstofflichen Energien. Dies kann Personen, Orte, Gedanken oder Sachen betreffen. Dann wird so was gesagt wie, dass wir in einem Schwingungsuniversum leben, nichts stillsteht und alles immer vibriert. So weit, so gut und dann kommt der Satz, dass alle deine Emotionen deinen aktuellen Schwingungszustand widerspiegeln. Geh ich mit. Plausibel. Darum spürt man auch oft so einen Vibe, wie Leute gerade drauf sind, ohne dass sie auch nur ein Wort sagen müssen.

Jetzt kommen wir aber zu dem Teil in dieser Eso-Bubble, mit dem ich nicht konform bin, weil er die Komplexität unserer Fähigkeiten im emotionalen Facettenreichtum so dermaßen runterbricht und reduziert, dass ich mich frage, wieso bisher keiner aufgestanden ist und gesagt hat: BULLSHIT-BINGO! Es ist nämlich immer und überall die Rede von hohen und niedrigen Schwingungen, Frequenzen oder Vibrationen. Damit wird so gut wie immer eines begründet: Wenn jemand schlechte Emotionen fühlt, bringt er niedrige Energien mit und die sind scheiße, denn die können nix. Also komm mal bitte wieder ins higher mindset. Erhöhe deine Energien. Steig auf. Sei erleuchtet. Das Grundprinzip dahinter verstehe ich schon und am Anfang mag das auch eine simple Faustregel sein, die einen vereinfachten Einstieg in die energetische Arbeit und Magie ermöglicht. Zudem ermutigt sie Anfänger, ihr Leben zum Positiven zu verändern. Gute Sache also. Allerdings wurde dieses Konzept von »bösen» und »nützlichen« Schwingungen und damit auch Emotionen zum Absolutum erhoben. Insbesondere die New-Age-Bewegung hat ihren Teil dazu beigetragen. Es wird in Klassen gedacht. Wer hoch schwingt, ist ein top Mensch, grandios, mit dem sollte man sich abgeben. Und diese niedrig schwingenden Menschen? Bah! Der Moloch! Säg sie alle ab!

Nur wird dabei außer Acht gelassen, dass jeder, der fühlen kann – also alle Menschen, die nicht von einer psychopathischen Persönlichkeitsstörung betroffen sind (das sind wirklich die einzigen! Selbst Soziopathen empfinden noch irgendwas) – beide Felder bedienen. Immer. Selbst der Mönch, der dieses Gefühl zwar nicht mehr bewertet und es durch sich hindurchziehen lässt, auch der fühlt es noch. Der handelt halt nur nicht danach.

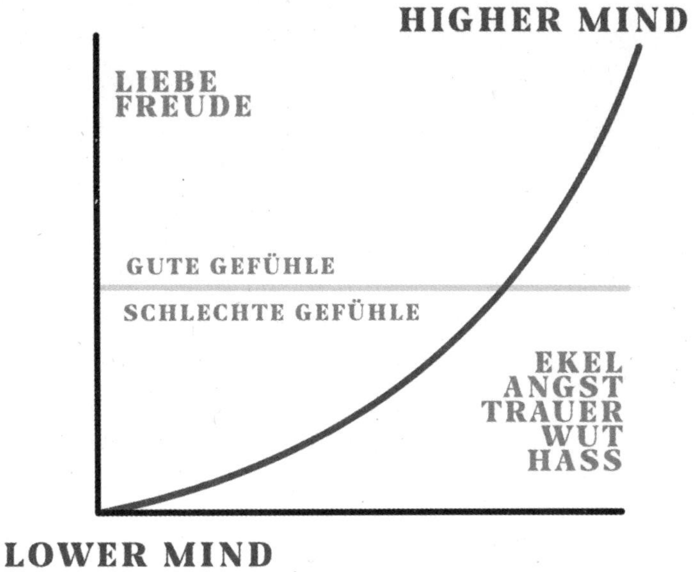

Es ist also nicht nur enorm ignorant, fünf von sieben Grundemotionen als nieder zu bezeichnen, nein, es ist sogar falsch und hinderlich.

Das ist so, als hätte sich eine elitäre Gruppe dazu entschieden, die Menschen dazu zu bringen, nur noch maximal 30 Prozent ihrer Energie und ihres Potenzials zu nutzen. Nach dem Motto: »Na, wer das schafft, der darf auf unser Treppchen und sich als was Besseres fühlen, im Gegensatz zu all den anderen, die sich einfach nur nicht genug anstrengen.«

Ich bin für ein nuanciertes Model, wo wir uns mal anschauen, welche Qualität jede einzelne Emotion hat und was wir damit so anstellen können. Meine Methode nutzt daher nicht nur das vermeintlich Schöne zum eigenen Vorteil beim Manifestieren. Beim Lenken und Freisetzen der eigenen Energien kümmert sich meine Methode nämlich herzlich wenig um das Gesetz der Anziehung. Du musst weder die ganze Zeit positiv denken noch dich pausenlos himmelhochjauchzend grandios fühlen. Es ist damit die erste Methode, die sich eben nicht an das LoA hält und dir damit völlig neue Möglichkeiten offenbart. Insbesondere für die, die eben etwas anders ticken und mit den zwar immer wieder neu verpackten, aber dennoch immer gleichen bisherigen Manifestationsmethoden wenig anfangen können.

Statt also wie bisher die im Eso- und Spiru-Bereich kaum beachteten und verpönten Emotionen abzulehnen, geht es hier darum, dass du ihre Qualitäten verstehst und nutzt. Darum setzen wir uns jetzt nuanciert mit deinen sieben Grundemotionen auseinander und schauen, wie du ihre Energie einsetzen kannst, um sie konzentriert und effektiv ins Universum abzuschießen und die von dir gewünschten Veränderungen zu bewirken.

ROT, DIE FARBE DER WUT

Schauen wir uns zuerst die Emotion Wut an. Vor allem von Frauen wird sie gefürchtet und unterdrückt, von Männern als eine ihrer Hauptemotionen betrachtet, wenn es um das Ausdrücken von Frust geht. Wir alle haben die Veranlagung in uns, diese Emotion zu fühlen, und könnten somit auch ihre energetische Frequenz nutzen. Klassischerweise verbinden die meisten Wut mit der Farbe Rot, die zugleich auch mit Liebe, Leidenschaft und Sexualität assoziiert wird. Es ist das Feuer, das in dir brennt. Das wild lodernd alles verschlingt oder die Hütte warmhält. Je nachdem.

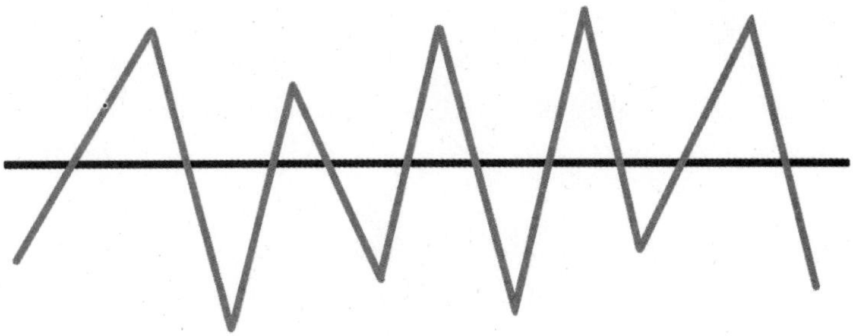

Wenn wir uns die energetische Frequenz von Wut ansehen, erkennen wir eine gewisse Ähnlichkeit zur Frequenz von Hass. Auch hier haben wir scharfe Kanten, aber größere Abstände mit stärkeren Intervallen, denn Wut ist mächtig, überkommt dich in einer großen Welle und will ausgelebt werden. Du bist bereit, anzugreifen, ob verbal oder physisch. Du willst etwas kaputt machen, zerstören, die Energie rauslassen. Dein Körper schreit danach, schreit dich an, etwas zu tun. Alternativ kannst du die Situation verlassen, um deeskalierend zu wirken. Aber Wut bildet den Nährboden, auf dem alle Rachefantasien und Angriffspläne fußen, wenn sie nicht rechtzeitig kanalisiert wird. Wut frisst dich auf, wenn du sie hinunterdrückst, sie dir verbietest und sie als schändlich ansiehst. Auf der anderen Seite kannst du dein Leben und das von anderen zerstören, wenn du deiner puren Wut maßlos nachgehst. Wut ist also gefährlich und somit sehr nachvollziehbarerweise mit dem energetischen Element des Feuers verbunden. Ohne Heilung kann deine Wut schleichend oder schlagartig zu nagendem, tiefgehendem Hass heranwachsen.

In deinem Körper spürst du Wut vor allem in deinen Extremitäten, denn diese wollen in Aktion gehen. Deine Arme wollen handeln, deine Beine wollen dich fortbewegen, auf etwas zugehen. Und dein Kiefer ist in Spannung.

Wie kannst du diese aggressive Qualität nun so kanalisieren, dass du sie ideal für deine Zwecke zum Manifestieren nutzen kannst? Dafür müssen wir uns erst einmal anschauen, wofür so eine scharfe und mächtige Frequenz am besten geeignet ist. Ganz ihrem Naturell nach liegen einige Themen nahe.

SICH BEHAUPTEN

Was Wut wirklich in voller Inbrunst zeigen kann, ist, dass man die Schnauze voll hat. Man hat es satt, dass einem die Leute auf der Nase rumtanzen, und das Bedürfnis, klare Grenzen zu setzen, wird auf einmal sehr laut. Auch eine gewisse Form von Trotz kommt hoch, die sehr nützlich sein kann. *So nicht! Nicht mehr! Nicht mit mir! Ich hab genug hingenommen.*

Als ich das erste Mal meine gerechtfertigte Wut über mich hereinbrechen lassen hab, war es befreiend, ja, geradezu empowernd. Ich war so müde, immer für alles die Verantwortung übernehmen zu müssen. Ich kann mich sogar noch daran erinnern, wie eine Freundin mir wegen einer Lappalie, an der sie selbst schuld war, Vorwürfe machte. Und ich meinte: »Du, das reicht jetzt! Das zieh ich mir nicht mehr rein. Entweder du benimmst dich oder du brauchst gar nicht mehr vorbeikommen.« Mann, war die beleidigt. Erzählte mir dann noch, dass sie von einem Menschen, der so stur sei wie ich, nichts Besseres erwartet habe, und ich meinte nur noch eiskalt: »Nee, du, ich bin für diese Kinderkacke einfach schon zu lange in Therapie und muss mir auch von Freunden nichts gefallen lassen. Meine Grenze ist gesetzt. Schönen Tag noch.« Ohhhh, tat das gut. Das war mein Startschuss. Wir sind übrigens immer noch befreundet. So was braucht man eben manchmal. Freundschaften haben Feuerproben. Aber darum soll es nicht gehen, ich will dir nur aufzeigen, wie kostbar jede Emotion sein kann. Also, wie kanalisiert du deine Wut am besten?

Wenn nur noch Krieg als Möglichkeit übrig bleibt, um sich zu wehren, ist es für viele eine verlockende Option, zu flüchten. Ich verrat dir was. So gut wie keiner hat Bock, Kriege zu führen. Ich auch nicht. Aber manchmal fangen Leute einen mit dir an und du kannst nicht nur einstecken und am besten noch die andere Wange hinhalten. Das macht man vielleicht eine Weile, aber irgendwann ist Schicht im Schacht. Es ist also klug, deine aufkeimende Wut zu nutzen, bevor du wahllos explodierst und sie dir selbst eher schadet als hilft.

Wut channeln und nutzen – für die Selbstbehauptung

Um einen Sieg gegenüber einer anderen Person zu manifestieren, kannst du dich energetisch schon mal gut einstellen, indem du deinen besten Todesblick vor dem Spiegel übst. Stell dir dabei diese törichte Person vor, die es auf die Spitze getrieben hat. Es ist der Tag der Abrechnung. Die Selbstbehauptung hat ein neues Gesicht. Deines. Lass deine Hände in kantigen Bewegungen um dich herum schneiden und stell dir vor, wie du deine Energie wie scharfe Stacheln um dich verteilst, unerwünschte Dritte so auf Abstand hältst und eine klare

Grenze manifestierst. Mach dich körperlich groß, bau dich auf, schick deine Wut in deine Brust, schieb die Schultern nach hinten. Wenn es dir nicht zu albern ist, mach aggressive Kehlgeräusche, die schon seit jeher in alten Kampfsportarten genutzt werden, um den Gegner einzuschüchtern, aber auch sich selbst in die energetische Frequenz des Widerstands zu setzen. Stell dir vor, wie du die andere Person wie ein Stück Papier zusammenfaltest, mit deinen Worten, deiner Erscheinung. Wenn du dabei ein Foto der Person in der Hand hast und es wortwörtlich zusammenfaltest, umso besser. Glaub mir, das verändert die energetische Frequenz eures nächsten Zusammentreffens enorm.

Ich bin, was das angeht, teilweise sogar noch einen Zacken schärfer. Wenn es jemand komplett übertreibt – und das sage ich als sehr geduldiger Mensch, wenn es um fremdverursachtes Leid geht, das auszuhalten bin ich immerhin gut geübt –, dann zücke ich das Haarspray. Ich sprüh es auf den Spiegel, kleb damit das Foto oder ein Stück Papier mit dem Namen fest und mach noch mal eine ordentliche Schicht Haarspray drauf. Aus nächster Nähe, es darf sich nicht zu weit verteilen. Dann steigere ich mich in meine Wut hinein, denn diese Energie wird gleich volle Kanne zur Person gespiegelt. Ich zück ein Streichholz und halte es an das Bild. Es wird in Flammen aufgehen, sich auflösen und es ist ein unglaublich befriedigendes Gefühl, dem zuzusehen.

Sei dir bewusst, dass das schon wirklich eine ordentliche Kanone ist. Der kalte Spiegel sorgt übrigens dafür, dass sich nur etwas Ruß bildet und sonst nicht viel passiert, sofern man den Haarspray-Radius klein gehalten hat. So habe ich noch jedes Gerichtsverfahren gewonnen. Manche Leute beißen eben so lange, bis man ihnen eine mitgibt. Und wir sind ja nicht fuckin' Jesus. Wehren soll ja noch erlaubt sein.

GERECHTIGKEIT

Wo wir schon über Gerichtsverhandlungen sprechen, rückt der Aspekt der Gerechtigkeit in die Nähe. Nur hat soziale Gerechtigkeit selten was mit staatlicher zu tun und am Ende bleibt es einem doch oft selbst offen, ob man für sie sorgen möchte oder ob man die Dinge so hinnimmt. Beides kann Vor- und Nachteile haben. Ich denke immer an eine bestimmte Situation: Ich wollte unbedingt diesen einen Job, weil er mir meines Erachtens zustand. Ich war wütend und ich wollte meine gerechte Chance! Ich wollte eine faire Behandlung vom Universum. So zumindest meine Annahme zu dem Zeitpunkt. Also, was hab ich gemacht? Ich habe dem Universum in wütenden Tiraden ein Ultimatum gestellt – und das funktionierte erstaunlich gut.

Wut channeln und nutzen – für Gerechtigkeit

Wenn dir das nächste Mal so richtig die Hutschnur hochgeht, weil das Universum einfach nicht so will, wie du es schon seit Ewigkeiten versuchst, dann halte doch mal einen Realtalk ab. Du musst ja nicht direkt so eskalieren wie ich und mit Schimpfwörtern und Drohungen um dich werfen. Aber du darfst deinem Frust verbal Luft machen und dem Universum schon mal unter die Nase reiben, wie scheiße du es von ihm findest, dass es dir einfach nicht entgegenkommt, und wie wichtig dir das Ganze ist! Alle meinen ja immer, man muss lieb und sanft sein und Liebe hineingeben, aber zu jeder intensiven Beziehung gehört auch mal ein guter Streit und Versöhnungssex. Und diesen Streit kannst du jetzt vom Zaun brechen.

Ob dir die Manifestation dann letztendlich überhaupt gefällt, wenn sie sich erfüllt hat, musst du dann wohl für dich herausfinden. Das ist des Öfteren leider nicht der Fall. Es geht zwar schon, mit Zwang seinen Kopf durchzusetzen, deswegen kommuniziere ich das hier offen als Möglichkeit, aber oftmals hat es eben Gründe, wieso die Dinge nicht so kamen, wie du dachtest, dass du sie haben willst. Aber hey, wir alle müssen mal auf die heiße Herdplatte fassen, um das selbst zu lernen. Wenn du das also noch nicht hast, fühl dich frei, auf die Schnauze zu fliegen.

VERÄNDERUNG

Aus einer Kränkung erzeugte Wut kann zu Rachegelüsten führen, die du sicherlich minutiös und perfide umsetzen kannst. Dafür brauchst du oftmals nicht mal energetisch zu arbeiten. Die gute alte manuelle Rache kann wesentlich befriedigender sein, wenn man schon bereit ist, diesen Weg zu gehen. Aber vielleicht willst du es auch gar nicht übertreiben und nur so ein bisschen Genugtuung haben. Was sich aber noch mehr anbietet, als seinen niederen Gelüsten nachzugehen, ist, die Energie zu nutzen und eine essenzielle Veränderung in deinem Leben zu erzeugen. Das funktioniert fast schon etwas zu gut, wenn du die Emotion der Wut richtig kanalisiert. Visier. Ziel. Schuss. Kaum eine Emotion ist so gut darin, alte Strukturen aufzubrechen, dich in Aktion zu bringen und dir den Weg freizukämpfen, wie Wut.

Wut channeln und nutzen – für Veränderung

Hier bietet sich als Objekt zum Auslassen der Energien ein Boxsack an, ein großes Kissen oder diese Räume, die man buchen kann, um alles darin zu zerschlagen. Schreib in kurzen Stichpunkten die Dinge auf, die dich daran hindern, zu wachsen, voranzukommen, dich zu entfalten. Und dann lass die Sau raus, kram die Wut aus jeder Ecke deines Körpers und geh dem Impuls der Zerstörung nach. Lass alles raus, jedes Quäntchen Energie, das die Wut in dir zur Verfügung stellt. Schieß alles ab. Energetisch, körperlich, in Schreien und Worten. Zerlege die Hindernisse, spüre und sieh, wie du sie zerfetzt. Manifestieren macht so viel mehr Spaß, wenn du den Effekt siehst und dich danach erschöpft und ausgepowert fühlst. Wenn du alles hineingegeben hast. Zerschlage die Hindernisse auf allen Ebenen und manifestiere so die freie Zukunft, die du brauchst, um eine bessere Version deiner selbst zu werden.

Wut

- Farbe: rot
- Element: Feuer
- Planet: Mars
- Körper: Arme, Beine, Kiefer
- Impuls: angreifen und zerstören
- Qualität: hart und einschneidend
- Potenzial: in die Aktion gehen und sich selbst neu erschaffen
- Gute Themen zum Manifestieren: Erfolg, Karriere, Transformation, Auflösung, Spiritualität, Anhaftungen entfernen, Blockaden lösen, Hindernisse beseitigen, Grenzen setzen, Abwehr, Angriff, Gerechtigkeit, Beschleunigung

Wut will uns vor allem in Aktion bringen. Am liebsten auf zerstörerische Weise. Aber statt diesem Impuls nachzugehen und uns so von der Emotion regieren zu lassen, nehmen wir die Flammen in die Hand und agieren adäquat, gezielt und dennoch mit der ganzen Wucht der Energie, die in uns brodelt. Für den maximalen Effekt.

Tatsächlich ist Wut für mich eine der Emotionen, die am meisten bewirkt. Das liegt wohl vor allem daran, dass ich es mir jahrelang verboten hatte, wütend zu sein. Bevor ich jemanden berechtigterweise anprangerte und meinen Missmut Luft machte, ging ich lieber dazu über, mich selbst zu zerstören, kleinzureden, schlecht zu machen. Denn es musste ja an mir liegen. Es musste mein Fehler sein. Im Laufe meiner Therapie lernte ich, dass meine Wut jedoch oft berechtigt ist und eine wichtige Emotion, um Grenzen zu setzen, sich für andere und für mich einzusetzen. Wut machte mich stark und Wut ist auch heute noch eine Emotion, die für mich jeden Berg versetzen kann. Wenn wir sie nur annehmen und uns gesund mit ihr auseinandersetzen. Wut ist genauso wichtig und berechtigt wie alle anderen Emotionen.

ORANGE, DIE FARBE DER FREUDE

Das wohl erstrebenswerteste Gefühl neben dem Ultimum Liebe ist für die meisten sicherlich die Freude. Immerhin gelten diese beiden als die schönsten und im Mainstream als die einzigen, mit denen es sich zu arbeiten lohnt. Freude bedient somit alle klassischen Manifestationen und eignet sich als Nährboden und energetische Quelle für alle Methoden, die du in diesem Buch bisher gelernt hast und die sonst so im Internet und in anderen Werken kursieren. Aber auch wenn Freude für uns alle das Nonplusultra ist, das das Leben lebenswert und schön macht, können wir dieses Gefühl nun mal nicht 24/7 haben. Es ist mal da und mal nicht, es kommt in Intervallen und ist ebenso vergänglich wie seine Brüder und Schwestern. Es ist also empfehlenswert, sich nicht zu sehr daran zu klammern und es zu genießen, wenn es da ist, da du es sonst aus ständiger Sorge, dass es flüchtig ist, komplett verpasst.

Freude ist hell und strahlend, sie kann gut dem Orange zugeordnet werden. Denn sie ist warm, aber nicht so heiß, dass wir uns daran verbrennen würden. Sie ist eher ruhig, gibt dir Halt, Sicherheit und wird so auch mit dem Element Erde in Verbindung gesetzt.

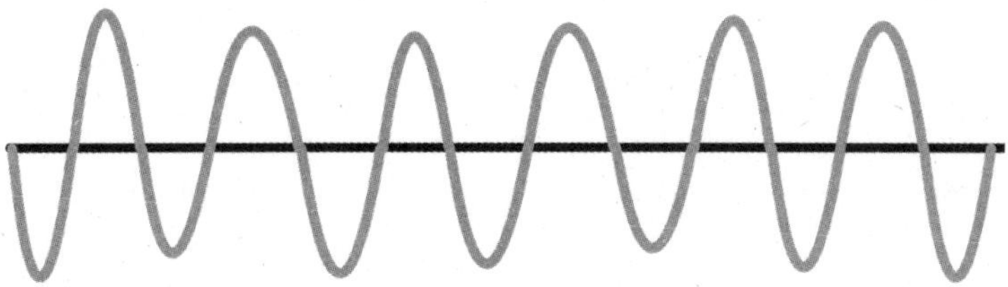

Wenn wir uns die energetische Frequenz von Freude ansehen, erkennen wir, dass sie zwar in weichen Kurven fällt, jedoch im Vergleich zur Liebe wesentlich kleinere Intervalle hat. Freude ist zwar einerseits sehr warm und einnehmend, kann aber auch etwas Nervöses und Elektrisierendes mit sich bringen. Aber auch der Zustand der Dankbarkeit gehört dazu, er stellt ihren ruhigsten Part dar. Denn wie jede Emotion hat auch die Freude einen Start- und einen Endpunkt, die verschiedene Aspekte enthalten. Freude durchdringt dich, du fühlst dich, als könntest du alles erreichen, sie kann dich hibbelig machen, neugierig, ja, überschwänglich. Oder aber du liegst in deiner Hängematte mit einem breiten Grinsen im Gesicht. Egal auf welcher Seite des Spektrums du gerade tänzelst, wer Freude empfindet, spürt sehr bewusst den jeweiligen Moment.
Freude spürst du als sanften Fluss durch den gesamten Körper, aber gerade der Bauchraum kann sich positiv erregt anfühlen. Wie ein Kribbeln. Ein gutes Bauchgefühl macht sich breit. Angekommen, sicher, aber auch mit diesen kleinen energetischen Piksern, die sich wie kleine Glücksspritzer anfühlen.

Wie kannst du nun diese sanfte Qualität manifestierend zu deinem Vorteil nutzen? Dafür müssen wir uns erst einmal anschauen, wofür so eine weiche und großwellige Frequenz am besten geeignet ist. Ihrem Naturell nach liegen einige Themen nahe.

GENUSS

Die pure Freude ist der Genuss, den Moment auszukosten, ihn einzusaugen und die Lebensfreude in jeder deiner Fasern zu spüren. Du hast Spaß am Leben, du tanzt, du weißt, das Leben ist schön. Du bist kein Statist, sondern die Hauptrolle, du willst sein, bewegen, nachspüren. Du bist im Hier und Jetzt. Nur eine grandiose Überraschung deiner Liebsten könnte jetzt noch eine Steigerung der freudigen Ekstase bringen. Menschen, die sich immens freuen, schreien auf, hibbeln herum, springen hoch und ihre Stimme wie auch ihr Körper lebt die Emotion ausdrucksstark aus. Klar, es kann sein, dass du endorphinüberströmt an deinem Wohlfühlort liegst und das Leben genießt, aber wenn du Freude als Manifestationsenergie nutzen möchtest, schwing die Hüfte!

Freude drückt sich in Stimme und Körper aus, aber sie kann auch damit erzeugt werden. Nicht umsonst waren schon immer, in jeder Kultur, das, was einem niemand nehmen konnte, Tanz und Gesang. Darin musst du nicht gut sein, um dich ekstatisch hineinzusteigern, die Freude durch deinen Körper zu schleudern, darin aufzugehen und dich zu spüren. In diesem Moment bist du aktiv, ganz in deinem Leben. Das ist der wichtigste Katalysator.

Freude channeln und nutzen – für Genuss

Während Freude dir die beste Basis für jede Manifestationsmethode gibt, zeichne deine Wünsche mit deinem Körper nach. Schmeiß den Song an, den du real werden lassen willst. Den Beat, der dich führt, den Text, den du in die Realität sprichst. Wirble herum und tauche voller Freude und im Genuss des Moments ein, in deine Geschichte, in die Fantasie, die du real werden lässt. Erschaffe das Manifest, das Skript deines künftigen Lebens und schleudere die Energie mit jeder Bewegung und jedem Klang deiner Kehle hinaus. Wer hätte gedacht, dass es so leicht sein kann, wenn man es nur bewusst tut? Und dann macht das auch noch so viel Spaß. Aber irgendwas in dir wusste es bestimmt immer, dass diese Momente lebensverändernd sein können, wenn du sie dazu machst.

STOLZ

Kaum etwas ist so motivierend wie der Stolz, den man am erreichten Ziele verspürt. Insbesondere wenn man fleißig war, unnachgiebig und an seinen Träumen festgehalten hat. Weißt du nämlich, was das Problem der meisten Menschen ist? Sie sind zu ungeduldig. Sie wollen alles über Nacht. Manifestieren kann die Dinge beschleunigen, vereinfachen, erleichtern. Ja, aber dennoch brauchen gewisse Ziele Zeit und auch eine gewisse Konsequenz, denn selbst beim Manifestieren: Von nichts kommt nichts. Ja, auch deine feinstofflichen Energien wollen gern genau von dir wissen, was sie überhaupt erzeugen sollen, und das ist nun mal auch etwas Arbeit.
Ideal ist es natürlich, alle drei Aspekte deines Seins auf deine Ziele auszurichten: Körper, Geist und Seele. Also deine Taten, deine Gedanken und deine Energien und somit auch deine Emotionen.

Dass die Luft nach oben dünner wird, liegt vor allem daran, dass die meisten vorher aufgeben. Darum ist Stolz so eine treibende Emotion. Sie weiß, was sie geleistet hat, und die Freude darüber lässt sie sich nicht nehmen. Also bade darin! Du hast es dir verdient!

Freude channeln und nutzen – für Stolz

Stell dich vor den Badezimmerspiegel, am besten in einer Superhelden-Pose, und zeig mit dem Finger auf dich. Halte die größte Motivationsrede, die deine Dusche je gehört hat. Nicht umsonst ist das ein Klischee, das Leute seit Jahrzehnten, ja, seit es Spiegel gibt, anwenden, um sich ihrer Energie in voller Kraft entgegenzuwerfen und sich selbst zu pushen. Zeig dir deine Stärken auf, sag dir, was du alles erreicht hast. Zentriere deine Energie in Worten, in deinem Blick, in deinen Gesten und sprich aus, was du künftig noch alles erreichen wirst. Bestimme, wo deine Manifestation dich hinführen wird. Zelebriere dich selbst und fühle die tiefe Wahrheit in jedem deiner Worte.

DANKBARKEIT

Dankbarkeit ist eine Emotion, neben der nichts Negatives existieren kann. Wer Dankbarkeit erlernt, abrufbar macht und regelmäßig spürt, wird auf lange Sicht ein zufriedeneres Leben führen, egal wie beschissen die Umstände sind. Scheiße bleibt Scheiße, klar. Aber mit der Zeit wird es dann eben doch immer schöner. Wenn du Dankbarkeit spürst, weil gerade etwas Wundervolles passiert ist, dir jemand geholfen hat oder du in einem Moment schlagartig innehältst und dankbar bist, am Leben sein zu dürfen, dann ist das der perfekte Moment, noch mehr grandiose Augenblicke zu manifestieren.

Freude channeln und nutzen – für Dankbarkeit

Falls du dich gar nicht mal so dankbar fühlst, schlag am besten das Kapitel auf, in dem du es aktiv üben kannst, um dann gleich noch eine Manifestation hinterherzuschmeißen. Wenn schon, denn schon, oder? Wenn du dann die wohlige Wärme durch deinen Körper fließen spürst und dir das dämliche Grinsen nicht mehr aus dem Gesicht geht, leg dich bequem auf dein Bett und schließ die Augen. Dankbarkeit ist die perfekte Energie, um Vorhandenes zu verstärken, weiter auszubauen und daran weiterzuarbeiten. Nimm dir also einen der Aspekte, für die du eh schon dankbar bist, und fantasiere, wie du dies künftig ausbauen könntest. Beschreibe dir das Szenario laut. Das kann sich beispielsweise so anhören: »Ich bin so dankbar für meinen Mann und die Kinder. Ich liebe es, wie sich alle vertrauen und gegenseitig unterstützen. Das macht mich sehr glücklich und ich will sie nicht missen. Ich sehe mich, wie ich die Kinder einkleide und ihre Sachen packe. Ich habe mit meinem Mann einen heiß ersehnten Urlaub geplant, damit wir uns alle gemeinsam mal entspannen können, um unsere Beziehungen auszubauen und noch enger zusammenzurücken. Ich sehe die Kleine, wie sie …«
Je detaillierter, umso besser. Das wonnige Gefühl muss jedoch konstant gehalten werden, darum darfst du dich auch gern hineinsteigern.

Wie du sehen kannst, ist Freude genauso mannigfaltig wie ihre verpönten Geschwister. Da Freude jedoch standardmäßig als Aktionsenergie für alles verwendet wird und auch werden kann, hat sie einen gewissen Vorteil, den ich nicht kleinreden will. Sie ist aber dennoch nicht der Alleinherrscher über die Veränderungen durch eine Manifestation. Zumal es ja manche Menschen aufgrund bestehender Probleme vielleicht gerade schwer haben, Freude zu erleben. Sie waren bisher einfach aufgeschmissen, weil ihnen verklickert wurde, dass es in anderen Zuständen nicht ginge. Wenn Freude uns wahrhaftig durchfließt, dann sind wir so glücklich, wir könnten Bäume ausreißen, wir wollen was erschaffen, wir haben so viel Energie, dass wir gar nicht mehr wissen, wohin damit. Witzigerweise ist Freude am Anfang aber eher ruhig. Wer nach langer Durststrecke das erste Mal wieder glücklich ist, ist verhalten, fast schon vorsichtig. Man freut sich einfach darüber, mal wieder von Glücksgefühlen überschwemmt zu werden, vielleicht wird man sogar nostalgisch oder melancholisch. Die Freude färbt sich also mit etwas Sentiment oder auch Trauer. Dadurch, dass man erst langsam wieder auftaut, versucht man den Moment einfach zu genießen, ganz ruhig. Wenn das Gefühl jedoch wieder mehr im Leben Einzug hält, will man umso mehr machen, erschaffen, es nutzen. Dann fängt die Freude an, überzuquellen. So haben es viele Menschen erlebt, die sehr lange ihrer Lebensfreude beraubt waren. Mich eingeschlossen. Man muss sich erst mal wieder daran gewöhnen und die leeren Speicher füllen. Anfangs liegt man eher rum und genießt es, statt damit arbeiten zu wollen. Und das ist auch okay.

Freude

Farbe: Orange

Element: Erde

Planet: Sonne

Körper: ganzer Körper mit Fokus auf dem Bauchraum

Impuls: innehalten und genießen oder Neues erschaffen

Qualität: sanft und elektrisierend

Potenzial: Vorhandenes ausbauen und neue Ziele setzen

Gute Themen zum Manifestieren: Erfolg, Karriere, Geld, Ruhm, Glück, Spaß, Reisen, Erlebnisse, Humor, Lachen, Schönheit

GELB, DIE FARBE DER LIEBE

Direkt neben der Freude liegt natürlich das Gefühl der Liebe. Immerhin erzeugt sie die meiste Freude, aber andersherum auch das meiste Leid. Sie ist ein zweischneidiges Schwert. In der Spiritualität wird immer von bedingungsloser Liebe gesprochen. So bedingungslos kann Liebe aber meist nicht sein, da wir gesunde Grenzen setzen müssen, für deren Einhaltung wir uns starkmachen müssen. Egal wie sehr wir jemanden lieben. Ansonsten wird es uns zerstören, weil wir uns alles gefallen lassen, nicht auf uns achten und nur für den anderen und seine Gefälligkeit existieren. Entsprechend halte ich bedingungslose Liebe, so wie sie zumeist propagandiert wird, für ein recht toxisches Konzept. Du kannst ohne Erwartungen lieben. Sicherlich. Aber solltest du das? Ist das gesund? Das wäre die nächste Frage. Es ist wichtig, dass du genauso viel Selbstliebe in dir hast, um dein Sein, deine Bedürfnisse und deine Grenzen klar zu kommunizieren.

Um das Konzept der Liebe gibt es so viele Mythen und ein riesiger Markt hat sich darum entwickelt. Seien es Filme, Bücher oder Lieder, die uns berühren. Oft werden dabei bestimmte Archetypen genutzt, die oftmals alles andere als gesunde und ausgewogene Beziehungen darstellen. Darum wird Liebe oft mit Drama verbunden. Neben der romantischen Liebe gibt es aber ja noch familiäre Liebe und freundschaftliche Liebe und die wichtigste, die schon erwähnte Selbstliebe. Damit haben wohl die meisten Menschen die größten Probleme. Wieso fällt es uns so leicht, anderen zu verfallen, während wir uns selbst ablehnen? Oft ist es eine Flucht. Setze ich mich mit anderen auseinander, dient das als perfekte Ablenkung. Denn dann muss ich ja nicht über mich selbst nachdenken, geschweige denn an mir arbeiten.

Liebe kann in ihrer Intensität enorm sein und von einem guten Gefühl auch schnell in ein schlechtes umschwappen. Daher ist es nicht

verwunderlich, dass wir sie mit dem Element Wasser verbinden. Die tosende See, die dich mitreißt, und der ruhige Fluss, der dich sanft fortträgt. Zudem steht Wasser per se für tiefe Emotionalität.
Liebe entsteht, ohne dass wir groß Einfluss darauf zu haben scheinen, für wen wir sie empfinden. Sie ist die hellste aller Emotionen und wird darum mit der Farbe Gelb assoziiert. Ja, ich weiß, die Herzchen am Valentinstag sind immer alle rot, aber wenn du an das strahlende Licht, die starke einnehmende Energiequelle der Liebe denkst, ist es doch eher ein grelles Licht, das dich auch blenden kann. Nicht umsonst sind Verliebte oft so verblendet und blind für die problematischen Seiten der anderen Person. No shame. Kennen wir alle.

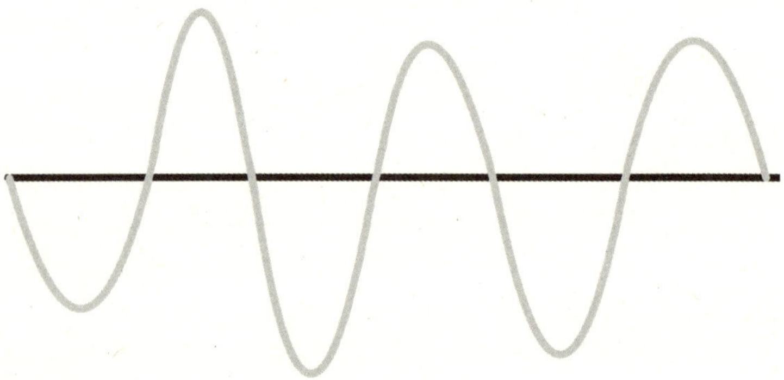

Wenn wir uns die energetische Frequenz von Liebe ansehen, erkennen wir, dass sie in weichen Kurven fällt und in großen Wellen hin- und herschwappt. Damit hat sie eine gewisse Ähnlichkeit zur Frequenz von Freude, ist aber etwas langsamer, entzerrter und damit auch wesentlich entspannter. Wir reden hier nicht vom nervösen Verliebtsein, das nebst der Liebe einen starken Einschlag von Angst, Nervosität und Vorfreude mit sich bringt, und auch nicht vom Liebeskummer, bei dem ja ein sehr starker Anteil an Trauer mitschwingt. Hier betrachten wir die gefilterte Reinform der Liebe.

In deinem Körper spürst du Liebe überall, aber vor allem in deiner Brust und deinem Herzen. Wichtige Entscheidungen müssen als Herzensangelegenheiten behandelt werden und bei Liebeskummer kann das Herz im physischen Sinne schmerzen. Aber meist fühlst du dich schwebend, wie auf Wolke sieben, wie schwerelos im Wasser treibend. Reine Liebe wirkt wie ein Relaxans.
Wie kannst du diese sanfte Qualität nun so kanalisieren, dass sie deiner Manifestation dienlich ist? Dafür müssen wir uns anschauen, wofür so eine einnehmende und ruhige Frequenz am besten geeignet ist. Aufgrund ihrer Assoziationen liegen einige Themen nahe.

VERLIEBTHEIT

Du bist verliebt und suchst die Verbindung zu jemandem. Aber ist das schon Liebe? In der Natur des Verliebtsein liegt es, sich in eine Illusion hineinzusteigern. Du projizierst deine Wünsche, Hoffnungen und Bedürfnisse auf die andere Person und erschaffst damit ein Ideal, das von deinem Gegenüber meist nicht erfüllt werden kann. Das Verliebtsein ist nämlich ein recht egoistischer Prozess. Du willst diesen anderen und manch einer würde dafür über Leichen gehen. Also wieso nicht den Auserwählten mit Manifestationen gefügig machen? Aber so ein Buch ist das hier nicht. Schmetterlinge im Bauch, Nervosität, die rosarote Brille? Das ist keine reine Liebe. Es ist eine Mischung aus allem Möglichen und genau darum so verwirrend. Dein erster Impuls ist es, die Person zu dir zu ziehen, an dich zu binden, den Kontakt zu suchen. Mit Letzterem ist nichts verkehrt, aber was dir schnell passieren kann, wenn du klammerst, ist: Du wirkst bedürftig. Dadurch bringst du dich in eine untergeordnete Position, was schon mal schlecht ist, wenn du einen zukünftigen Partner auf Augenhöhe kennenlernen willst.

Liebe channeln und nutzen – in der Verliebtheit

Halte in einem ruhigen Moment inne, denk an diese Person und spüre die Aufregung, die sich in dir auftut. Atme dann tief ein und schieb das Verliebtsein beiseite. Das kann einige Anläufe brauchen. Bleib so lange dran, bis du an diese Person denkst und es sich eher ruhig als nervös anfühlt. Verlege dann deinen Fokus und konzentriere dich darauf, was du der Person bieten kannst. Bis hierhin ging es ja hauptsächlich darum, was du von der Person willst. Aber du musst deine Perspektive wechseln, um deine Emotion nützlich zu channeln. Wieso denkst du, dass du ihr guttun würdest? Geh die Punkte durch. Schreibe sie auf.

Was bietest du? Das sind deine energetischen Marker. Deine Stärken. Deine Angebote. Fühle dich hinein. Was löst das in dir aus? Welche Emotionen kommen hoch? Notiere diese nuancierte Emotion, damit du sie später abrufen kannst.

Wenn du die Person dann das nächste Mal siehst oder mit ihr schreibst, besinne dich darauf. Such dir einen Aspekt deiner selbst als energetisches Angebot heraus und begib dich in die damit verknüpfte Emotion. Mit jedem Wort, das du in diesem Gefühl sagst oder sprichst, gibst du der Person diesen Aspekt von dir mit und dann liegt es an ihr, zu entscheiden, ob sie dieses Angebot annehmen möchte. Du wirst es merken: Nähert sie sich an? Weicht sie zurück? Sucht sie das Gespräch? Oder wirst du gar geghosted? Egal wie, es macht keinen Sinn, deine Zeit damit zu verschwenden, jemanden dazu zwingen zu wollen, Gefühle für dich zu entwickeln, wenn dieser Jemand dein Sein nicht zu schätzen weiß. Konzentriere dich also darauf, was du bieten kannst, biete es an und erzeuge so eine Situation, in der auch der andere offenbart, was er zu geben bereit ist. So kannst du feststellen, ob es deinen Ansprüchen genügt.

SELBSTLIEBE

Ich möchte direkt mit der Selbstliebe weitermachen, da diese so oft hintenüberkippt. Selbstliebe ist eine Reinform der Liebe. Sie ist essenziel für deine psychische Gesundheit und einen guten Umgang mit dir. Denn wenn du dir einen eigenen Maßstab setzt, setzt du ihn auch für die Menschen im Außen. Und dann kommst du erst gar nicht in die Bredouille, dich von jemandem verarschen zu lassen, nur weil du verliebt bist. Du kennst deinen Wert und verteidigst ihn. Und hier liegt die große Stärke. Selbstliebe authentisch zu entwickeln, mag ein langer, müßiger Weg für viele sein, aber in ihr liegt das enorme Potenzial, damit grandios und mit Leichtigkeit Menschen in dein Leben zu ziehen, die dir sprichwörtlich verfallen. Fall in love. You know. Selbstliebe ist die beste Emotion zum Channeln, damit du Liebe im Außen manifestieren kannst.

Liebe channeln und nutzen – mit Selbstliebe

Kennst du dieses Gefühl, wenn du so richtig stolz auf dich bist? Wenn du weißt, du hast was geleistet, du hast es verdient, dich gut zu fühlen, dich zu feiern? Das ist auch ein Aspekt der Selbstliebe. Zu ihr gehört aber nicht nur, gut zu sich zu sein, sanft, nachsichtig und dich um dich selbst zu kümmern, sondern auch, dich in Bezug auf dich selbst gut zu fühlen und dein Selbst im Spiegel mit positiven Gefühlen zu verknüpfen. Stell dich also vor den Spiegel und sag in Liebe, was du an dir magst: Fähigkeiten, Optisches, Dinge, die du erreicht hast, Momente, die du dir selbst zu verdanken hast.

Tauche in die Selbstliebe ein und dann halte kurz inne. Schau dir tief in die Augen, verliere dich darin, bis es dir surreal vorkommt, und dann sprich laut deinen Wunsch aus. Eine neue Fähigkeit, die du erreichen willst, einen neuen Menschen, den du in dein Leben ziehen willst, einen Makel an dir, den du lieben lernen willst. Egal was es ist, sage es in Liebe zu dir. Kanalisiere deine Energie auf dich selbst und verändere so auch die energetischen Bahnen um dich herum. So gehst du eine tiefere Verbindung zu dir selbst ein, die zugleich mit einem wohligwarmen Gefühl verknüpft ist. Das kann ein »Ich bin schön und habe genau den Körper, den ich brauche. Ich bin dankbar, dass er mich trägt« sein, ein »Ich werde das Klavierspiel meistern, denn mein Fleiß zahlt sich aus« oder ein »Ich behaupte mich in dem Gespräch, denn ich kenne meine Stärken und schrecke nicht davor zurück, sie zu offenbaren. Das bringt mir die heiß ersehnte Beförderung«. Die Art und Weise, wie du das Gespräch mit dir eingehen willst, obliegt dir. Du weißt, was am angenehmsten für dich ist. Jeder hat eine andere Art, mit sich und anderen zu reden, und das ist okay. Hör auf dein Herz. Sprich in Worten mit dir, die glaubhaft und greifbar für dich sind, damit sie ankommen, im tiefen Gefühl der Selbstliebe.

LEIDENSCHAFT

Die Urkraft, die in Lust und Ekstase steckt, ist nichts Neues. Der tiefe Trieb, ein Urinstinkt, der die meisten Menschen genauso wie Tiere betrifft. Es ist nichts Verwerfliches dran. Die Orgasmus-Manifestation, die ich dir in diesem Buch schon nahegelegt habe, basiert im Grunde genau darauf: die Kanalisierung einer Emotion, eines Triebes. Kein Wunder also, dass sie in der Szene als eine der mächtigsten Formen gilt, oder? Es bringt eben nichts mehr Schwung in die Energien als Emotion. Manifestieren in absoluter Neutralität ist für die meisten eben einfach zu langweilig, hohl. Du hast kaum das Gefühl, dass dadurch was passiert. Aber die sich steigernde Lust, die dich treibt. Mehr. Mehr. Mehr. Das Habenwollen, die Begierde ist unbestritten intensiv. Dabei mag der Orgasmus selbst zwar der Abschuss der Energie sein, sofern man sie zuvor ausgerichtet hat, aber gerade die sich steigernde Ekstase vor dem Höhepunkt treibt die Energien erst zusammen, bevor du sie nutzen kannst.

Liebe channeln und nutzen – mit Leidenschaft

Es spielt gar keine so große Rolle, ob du eine Solo-Session oder eine Swinger-Party für deine energetische Ekstase nutzt. Es ist wie bei allen anderen intensiven Empfindungen am Anfang nicht gerade das Einfachste, sich auf etwas anderes zu konzentrieren, insbesondere wenn man die Geilheit halten will.
Während sich die erste Erregung anbahnt, bietet es sich an, einmal intensiv an die Manifestation zu denken. Damit setzt du die Basis. Hierbei passen natürlich nahe Themen wie das Binden des Sexualpartners an dich (hoffentlich unter der Prämisse des freien Willens, aber do what you want), das Gründen einer Familie, also mehr Fruchtbarkeit und Empfänglichkeit, oder aber überhaupt das Anziehen eines Partners, der einem wilde Nächte beschert, falls du gerade ein Solo hinlegst. Natürlich kannst du auch manifestieren, mit deinem aktuellen Partner geileren Sex zu haben. Deinen Fantasien und Wünschen steht hier nichts im Weg.
Was auch immer du als Ziel setzt, während sich die Erregung in wallenden Zügen steigert, solltest du die aufkeimende Energie immer mal wieder auf die Intention ausrichten. Kurz und knackig, ohne dich groß von deiner Ekstase abzulenken. Und wenn du merkst, der Orgasmus kommt, versuch – denn währenddessen wird es am Anfang echt schwer –, wenigstens noch kurz davor den Laserschuss noch mal mit einem Blitzgedanken auf das Ziel auszurichten. Und dann Schuss. Zackzalap!

BESCHÜTZEN

Der Beschützerinstinkt kickt bei allen Menschen, die mindestens eine Person oder ein Lebewesen im Leben haben, das sie wirklich lieben. Wir wollen dieses Wesen beschützen, es von Leid fernhalten und, wenn es leidet, davon erlösen. Wir wollen helfen und heilen. Ja, verdammt, wir wären sogar bereit, zu tauschen, selbst wenn es unseren Tod bedeuten würde, nicht wahr? Liebe macht altruistisch, macht aufopferungsvoll und lässt uns auch oftmals über unsere Belastungsgrenze gehen. Egal ob es sich um Haustiere handelt, um Freunde, Verwandte, Kinder oder einen Beziehungspartner: Wenn du wahrhaft liebst, bist du auch bereit, so viel zu geben, dass es dich zerreißt. Gesunde Grenzen sind genau deswegen so wichtig, damit wir uns an diesem Fakt nicht selbst ausbrennen, obwohl niemand drum gebeten hat. Weil wir denken, wir müssten das tun. Oder weil wir es unbedingt wollen. Also pass auch immer auf, dich selbst nicht zu verlieren, bei aller Liebe.

Liebe channeln und nutzen – Beschützerinstinkt

Widme dich deinem geliebten Haustier oder einem geliebten Menschen und geh in eine innigliche Umarmung. Länger, als du es gewohnt bist. Der positive Effekt ist nicht nur die Oxytocinausschüttung, sondern auch das Gefühl der tiefen Verbundenheit. Es geht hierbei darum, dass du diese Person hältst, sie mit deinem Schutz umwickelst. Spüre diesem Gefühl nach. Wie ist es, der Beschützer zu sein? Was macht das mit dir? Erkunde die Sensation dahinter. Die Emotion, die in deinem Inneren dabei entsteht, lässt sich ideal auf alle Manifestationsziele fokussieren, die mit Schutz, Abwehr und der energetischen Reinigung der Person in deinen Armen zu tun hat. Du kannst sie mit deinen kräftigen Beschützerenergien durchfluten und ausreinigen, fernab von all den fremden Energien, die

die Person im Laufe der letzten Tage angesammelt und mitgeschleppt hat. Oftmals passieren jetzt auch intensive Momente, in denen Menschen anfangen zu weinen und alles loslassen, während man sie so frei von den schweren Anhaftungen des Alltags macht.
Stell dir dabei vor, wie deine Energie sie durchflutet, und formuliere in Gedanken das Ziel, sie von allem Belastenden zu befreien. Zähle die einzelnen Punkte auf, die dir in den Sinn kommen oder deinem Lieblingsmenschen auf der Seele liegen. Du kannst sie zudem in Honig hüllen. So nenne ich es immer. Stell dir vor, wie du gelbe, zähe Melasse um die Person verteilst, sie einhüllst in eine dicke Schutzschicht. Diese Form der Manifestationen ist so alt wie die Menschen selbst und hat sich auch in stressigen Situationen im Alltag bewährt. Es ist im Grunde eine Form der Energiearbeit, wie ich sie auch in abgewandelter Weise bei meinen Schülern anwende, wenn sie eine Session bei mir buchen.

SICH FALLEN LASSEN

Liebe in einem Partner zu finden ist ein natürlicher Drang des Menschen, da wir Rudeltiere sind. Ob wir uns als monogam oder polyamorös empfinden, spielt dabei gar nicht so eine große Rolle. Wichtig ist, dass du bereit bist, Energie zu geben und anzunehmen, und dein Partner ebenso. Dann kann sich ein tiefes Vertrauen und etwas wahrhaft Magisches entwickeln. Hier geht es vor allem darum, in deiner Liebe zu deinem Gegenüber die Ruhe zu finden, den Halt, den du brauchst, um deine Tiefen zu erkunden und neue Impulse zu setzen. Die Liebe zu der anderen Person wie auch die Person selbst in ihrer Anwesenheit bildet deinen sicheren Raum, in dem Heilung möglich ist.

Liebe channeln und nutzen – sich fallen lassen

Nimm die Hand deines Partners fest in deine und schau ihn tief an. Während eure Augen einander verschlingen, macht sich ein wohlig-warmes Gefühl in dir breit. Vielleicht ist es sogar etwas merkwürdig, nervös, aber vor allem wunderschön. Konzentriere dich auf deinen Bauchraum, sammle das Gefühl darin. Lenk auch die Energie, die dein Partner dir durch den Hautkontakt gibt, in deine Körpermitte.

Dann atme einmal tief ein, und wenn du das Gefühl hast, eine wohlig-warme Kugel im Bauchraum zu spüren, schließ die Augen und lass die Energie durch deinen ganzen Körper strahlen. Halt dich fest und manifestiere, wie jede deiner Fasern heilt, wie deine Seele erstrahlt. In diesem Moment der engen Verbundenheit, des tiefen Vertrauens kannst du deine Abgründe erkunden. Es bietet sich hier an, Dinge im Kontext von Heilung, Schattenarbeit und Gesundheit zu manifestieren, aber auch von innerem Wachstum und spirituellem Erwachen. Stell dir vor, was du in deinem Körper auslösen möchtest. Was möchtest du addieren, was subtrahieren? Schieb das eine hinaus und zieh das andere hinzu.

Du kannst dabei auch ins Gespräch mit deinem Partner gehen, ihm schildern, was du gerade hinausleitest, und wobei er dir helfen soll, es in dich hineinzuziehen, in dein Leben. Das kann eine sehr intensive Erfahrung sein und dein Partner kann die Manifestation zu einem gemeinsamen Erlebnis machen. Wer weiß, vielleicht setzt er ja mit an und du hilfst dann ihm, seine Wünsche und Ziele in die Realität zu sprechen. Dabei könnt ihr euch Fragen stellen, um die Manifestation konkreter werden zu lassen. Wie fühlt sich das für dich an? Wie genau riecht es dort? Was kannst du sehen? Die Fragen ergeben sich ganz intuitiv anhand der Manifestation, die dir dein Partner kommuniziert. Wenn du mutig bist, kannst

> du die Augen auch wieder aufschlagen, ihm weiter tief in die Augen schauen und die Antworten ausformulieren. Ein intensiver und intimer Moment wird daraus entwachsen, wenn ihr es beide zulasst.

Liebe

- Farbe: gelb
- Element: Wasser
- Planet: Venus
- Körper: ganzer Körper mit Fokus auf Herz und Brustraum
- Impuls: sich fallen lassen und entspannen
- Qualität: sanft und einnehmend
- Potenzial: beschützen und tiefere Bindungen eingehen, auch zu sich selbst
- Gute Themen zum Manifestieren: Liebe, Sex, Geborgenheit, Familie, Partnerschaft, Freundschaft, Selbstliebe, Schönheit, Abenteuer, Leidenschaft, Kreativität, Schutz

Liebe will vor allem dafür sorgen, dass du dich mehr fallen lassen kannst. Dass du Menschen findest, denen du so tief vertraust, dass du weißt, dass dir in ihrer Nähe nichts geschehen kann. Du kannst dich auf sie verlassen und sie sich auf dich. Natürlich will Liebe, wie Freude, vor allem genießen. Denn es sind unsere zwei angenehmsten Gefühle. Liebe jedoch, also die tiefe Liebe, die echte, nicht das aufregende ängstliche Verliebtsein, ist in ihrer Qualität mehr daran interessiert, dass du runterkommst. Dass du dich in Geborgenheit und Sicherheit wiegst. Angekommene Liebe, fernab der Dramen, ist ein sehr entspannendes Gefühl. Du weißt, wohin du gehörst. Hier kannst du ausatmen und Verantwortung auch mal abgeben.

Während Liebe also für alle ein erstrebenswertes Gefühl ist, auf das man als Säugling und Kleinkind zum Überleben sogar angewiesen ist, ist es nicht verwunderlich, dass sich für die meisten damit am einfachsten arbeiten lässt. Es liegt in der Natur des Menschen, sich geliebt fühlen zu wollen und andere ebenso lieb zu haben. Viele Störungen der Psyche werden vor allem durch mangelnde Liebe, Zuwendung, Fürsorge und Aufmerksamkeit im Kindesalter ausgelöst, wenn man von seinen Eltern vernachlässigt wird. Dies zeigt umso mehr auf, wie essenziell Liebe als Emotion für uns ist. Nutze sie!

GRÜN, DIE FARBE DES EKELS

Schauen wir uns wieder eine der eher unbeliebten Emotionen an. Eine, die wohl von allen die geringste Relevanz hat: der Ekel. Ekel haben wir nicht nur als kleines Kind, wenn uns der Brokkoli nicht schmeckt, sondern auch vor Situationen, bestimmten Tieren, wie Insekten, die bei vielen ganz oben auf der Ekelliste stehen, oder aber vor bestimmten Menschen, die ekelhafte oder abstoßende Verhaltensweisen an den Tag legen. Ekel wird meist mit der Farbe Grün assoziiert und mit dem Element Luft. Denn Luft steht auch für Kommunikation und, oh yes, Ekel hat viel zu sagen! Er ist energetisch aber auch eng mit den Emotionen Schuld und Scham verwandt, weswegen ich auf diese Aspekte des Spektrums mit eingehen werde.

Wenn wir uns die energetische Frequenz von Ekel ansehen, erkennen wir, dass sie sehr kantig ist und eine ausweichende Struktur besitzt. Denn genau das ist es, was Ekel in uns auslöst: Vermeidung! Wir wollen weg oder wegstoßen und eine Distanz zu etwas aufbauen. So stehen wir uns aber manchmal auch selbst im Weg, sehen die einfachste Lösung aufgrund der starken Reaktion nicht und sind am Ende komplett überfordert. Großer Ekel kann uns sogar in einen dissoziativen Zustand versetzen, um die Situation zu ertragen, wenn es uns nicht möglich ist, Abstand zu gewinnen. Danach jedoch kommt der Ekel meist noch stärker zurück, oftmals wird ein Teil der Emotion und ihrer Energie dabei in Scham umgewandelt, weil wir in dieser Situation verharrten – selbst wenn es nicht freiwillig war. Ekel und seine Brüder sind also eher destruktive Empfindungen.

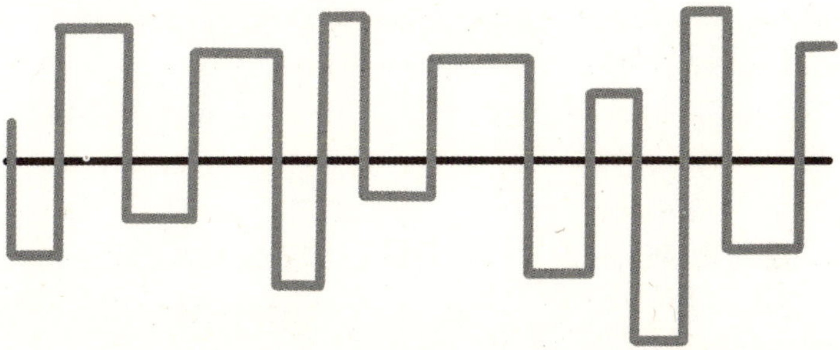

In deinem Körper spürst du Ekel vor allem in den Armen, in der Kehle und im Magen. Deine Arme wollen wegdrücken, deine Stimme Ablehnung ausdrücken, dein Gesicht verzieht sich offensichtlich und der Magen reagiert vielleicht sogar mit einem Würgereflex. Alles in deinem Körper ist auf Abwehr ausgerichtet.
Wie kannst du diese destruktive Qualität der Emotion kanalisieren, um aus ihr etwas Nützliches für deine Ziele zu machen? Dafür müssen wir uns anschauen, wofür so eine meidende Frequenz am besten geeignet ist. Ihrem Naturell nach liegen einige Themen nahe.

DISTANZ SCHAFFEN

Ekel sorgt direkt dafür, dass du etwas vermeiden möchtest. Etwas nähert sich dir oder ein Reiz wird gesetzt, der Ablehnung in dir verursacht. Glücklicherweise ist Ekel im Gegensatz zu vielen anderen Emotionen nicht so extrem überlastend. Meistens zumindest. Das bietet dir den Vorteil, schneller in die Übung damit zu kommen und die Energie des Gefühls ausrichten zu können. Und Ekel lässt sich ohne große Risiken auch absichtlich provozieren. Ist das schön? Sicherlich nicht, aber eine hilfreiche Übung. Nimm dir also zum Beispiel ein Bild von etwas, was du mega eklig findest. Eklig. Nicht beängstigend. Viele haben Angst vor Spinnen, die meisten ekeln sich vor Kotze oder unangenehmen Gerüchen. Wahrscheinlich verziehst du jetzt schon dein Gesicht. Gut so! Bei mir löst zum Beispiel der Geruch von Gras, also Marihuana, Ekel aus. Also erst mal einen Johnny unter die Nase halten? Egal wie. Du weißt schon, wie du es provozieren kannst. So kannst du es in einem kontrolliertem Maßstab üben! Gilt natürlich für alle Emotionen, aber bei Ekel ist es so schön einfach, ohne dass es direkt eskaliert. Was bei Wut, Hass und Angst vielleicht schneller mal der Fall ist.

Ekel channeln und nutzen – für Distanz

Provoziere Ekel in einem geschützten Rahmen mit einem Element wie einem Foto. Betrachte es und gib deinen Mundwinkeln, die sich wild verziehen wollen, nach. Igitt. Wieso tu ich mir das an? Dann geh in die Emotion rein. Deine Hände wollen agieren, das Objekt wegschieben. Sehr gut. Steh am besten auf, leg die Handrücken auf Brusthöhe zusammen. Dann fokussiere dich auf deine Handflächen, schick die Energie hinein.
In einer ruckartigen Bewegung drückst du dann die Hände von dir weg, immer noch zusammengelegt. Dann schiebst du sie in der Luft nach außen, als würdest du eine unsichtbare Barriere aufbauen. Setze hier eine Grenze. Die Qualität dieser Energie ist perfekt, um Situationen, Handlungen, Eigenschaften oder Personen von dir fernzuhalten. Stell dir vor, wie dieser Aspekt, den du von dir entfernt haben möchtest, auf der anderen Seite deiner Barriere ist.

SCHAM

Scham ist wie die toxische, nach innen fressende Version von Ekel. Sie richtet sich gegen dich selbst und während Ekel sehr kommunikativ ist, bringt dich Scham zum Schweigen. Ich bin so mutig zu behaupten, dass Scham die destruktivste aller Emotionen ist, was vor allem daran liegt, dass sie dich isoliert und durch die Abkapslung jedwede Heilung verhindert. Klar schämen wir uns, wenn uns etwas Peinliches passiert oder wir in einem Streit kein Argument mehr haben, das uns aber Tage später im Bett wieder einfällt. Es gibt diese normale Form von unangenehmer Scham, die wir gern beiseitedrücken. Dabei ist der Fakt, dass alle viel mehr über sich selbst als über andere, also auch über dich, nachdenken, sehr befreiend.
Jedoch entwickelt sich Scham vor allem dort sehr radikal, wo sie am wenigstens vertreten sein sollte: wenn jemand zum Beispiel einem sexuellen Übergriff zum Opfer fällt und sich dafür schämt. Wenn er sich in seinem Körper unwohl fühlt und gar denkt, es wäre seine Schuld. Die Scham sorgt für Schweigen, etwas, das Täter kalkulieren.

Hierbei ist das Wichtigste,
sich jemandem anzuvertrauen.

Denn der Weg der Heilung kann erst beginnen, wenn das Trauma kommuniziert und aufgearbeitet wird. So schlimm es auch sein mag. Aber es wird besser. Versprochen. Ich weiß, wovon ich rede. Diese schwere Form von Scham ist ein eigenes Thema und absolut irrelevant zum Manifestieren. Hier ist therapeutische Hilfe notwendig – dennoch fühle ich mich verpflichtet, sie zu erwähnen. Die normalen Peinlichkeiten jedoch, das Gefühl der Bloßstellung, die Alltagsscham, all das lässt sich gut zum Manifestieren nutzen. Wenn du weißt, wie.

Ekel channeln und nutzen – bei Scham

Erinnere dich an einen peinlichen Moment, den du gerade so aushalten kannst. Wahrscheinlich kann sich sowieso keiner mehr daran erinnern, du dich aber umso mehr. Das Erste, was er in dir erzeugt, ist die Verdrängung, die Flucht, du willst aus der Situation raus. Nimm diese Kraft und visualisiere in der Situation eine Sache, die du loswerden möchtest. Eine Eigenschaft, einen Job oder eine Person. Wichtig ist: Egal was du wählst, gib dem Ganzen ein Gesicht, eine Personifizierung, die du mit in diesen Raum der Peinlichkeit stellst.
Und dann projizierst du das Geschehene genau darauf. Du gibst deine Gefühle ab, samt dieser Erinnerung, als würdest du nur als Zuschauer dieser Situation beiwohnen, aber nicht mehr selbst der Protagonist sein. In der Qualität dieser Energie liegt, dass auch diese von dir gewählte Sache nun am liebsten ganz schnell den Raum verlässt, sich in Luft auflöst oder spontan in Flammen aufgeht. Sieh dabei zu, wie sich dein Problem von selbst verabschiedet, und manifestiere dir damit automatisch einen freieren Weg und eine Loslösung von alten Gegebenheiten. Hierbei kannst du auch gut Anhaftungen entfernen und allerlei Hindernisse in deinem Leben beseitigen. Personifiziere sie und übergib ihnen die Scham.

SCHULD

Schuld ist eine schwere Last. Vielleicht hast du wirklich Scheiße gebaut oder es kommt dir nur so vor. Oft fühlen sich Menschen schuldig für Ereignisse, auf die sie keinen so direkten Einfluss hatten. Mit Schuld zu leben, erfordert sehr viel Selbstreflexion und Sanftheit im Umgang mit sich selbst. Wer Schuld aber lösen kann, der meistert auch die Auflösung so gut wie jeder anderen Blockade. Darin liegt also qualitativ immer die Möglichkeit zur Transformation. Das Üben lohnt sich in diesem Fall gleich mehrfach.

Ekel channeln und nutzen – bei Schuld

Da Schuld ein sehr präsentes Gefühl ist, das wir nur schwer beiseiteschieben können, wenn dich erst mal wieder etwas daran erinnert, steht sie mitten im Raum. Und zusätzlich alle damit verbundenen Vorwürfe, die du dir selbst machst. Nimm dir ein Blatt und zeichne die Silhouette deines Körpers darauf. Denk an jeden deiner Vorwürfe und markiere sie mit einem Punkt in deinem Körper. Wie Gewichte, die an dich gebunden sind und die Schwere deiner Last visualisieren. Lass dir einige Minuten Zeit und versuche, die Ereignisse durchzugehen. Was hättest du ändern können?
Stell dir für jeden gezeichneten Punkt eine Frage für deine Zukunft:

- Wie kann ich so was künftig verhindern?
- Worauf muss ich im Umgang mit X achten?
- Was hat sich seit dem Vorfall verbessert?

Wandle die Energie der Scham in eine klarere, gefilterte Frequenz um, die dir hilft, eine bessere Version von dir zu werden. Schließ die Augen und stell dir vor, wie du dich selbst betrachtest und die Gewichte entfernst. Manifestiere dabei eine verbesserte Version von dir. Was platzierst du statt dieses Gewichts? Ein Schmuckstück, das für deine künftige Unnachgiebigkeit steht? Eine Blume, die deine künftige Nachhaltigkeit symbolisiert? Nutze die Scham als Antrieb deiner Manifestation und füttere sie mit zielbringenden Intentionen.

Wie du siehst, ist Ekel nicht ganz so abwechslungsreich nutzbar wie seine kollegialen Emotionen, jedoch kommt er im geregelten Tagesablauf eines Menschen meist auch nicht so häufig vor. Sollte es bei dir aber mal der Fall sein, kannst du das unliebsame Gefühl nutzen, um zu üben, das Beste daraus zu machen. Ekel ist gegenüber anderen Emotionen auch ein starker, ruraler Reflex, weswegen er mit seiner ganzen Intensität auftaucht. Andere Emotionen lassen sich gezielter und von vielen auch im Alltag geübter unterdrücken. Dass mag jetzt erst mal nicht positiv klingen, aber eine ungefilterte, klare Emotion ist auch in ihrer Frequenz sehr ausgerichtet und mächtig. Darin liegt auch ein Potenzial, wenn auch du dich zuerst dahin durchkämpfen musst.
Zudem zeigt dir Ekel auch ganz klar auf, mit wem und was du nichts zu tun haben möchtest, das lässt sich vor allem bei dieser Emotion nur sehr schwer übergehen. Sie ist also letztendlich sehr handlungsgetrieben und bringt dich in Zugzwang. Und da wir geübt sind, unsere unangenehmen Emotionen zu unterdrücken, wegzustecken, zu verstecken, ist das nicht unbedingt das Schlechteste, dass dich zumindest eine davon zwingt, in Aktion zu treten.

Ekel

Farbe: grün

Element: Luft

Planet: Pluto

Körper: Magen, Kehle und Arme

Impuls: wegdrücken und flüchten

Qualität: kantig und ausweichend

Potenzial: Abstand schaffen und Strukturen aufbrechen

Gute Themen zum Manifestieren: Distanz erzeugen, Trauma lösen, Grenzen setzen, Anhaftungen entfernen, Hindernisse beseitigen, Transformation, Auflösung

BLAU, DIE FARBE DER TRAUER

Neben Liebe ist wohl Trauer die verbreitetste aller Emotionen. Wenn ich mir so die Statistiken anschaue und sehe, dass 20 Prozent aller Menschen mindestens einmal im Leben eine depressive Phase durchstehen müssen, liege ich damit sicherlich gar nicht so falsch. Für mich hat Trauer einen essenziellen Teil meines Lebens eingenommen, mir viel Lebensfreude und schöne Momente geraubt. In diesem Teil zur Qualität und Kanalisierung dieser Emotion soll es aber gar nicht um ihre krankhafte Version der Depression gehen, sondern um die normalen Aspekten, die wirklich so gut wie jeder kennt. Früher oder später kommen wir eben nicht drum herum, enttäuscht zu werden, verletzt, verlassen, verzweifelt und all diese Dinge, mit denen Trauer nun mal einhergeht. Der Klassiker der Farben für Trauer ist natürlich Blau und das assoziierte Element liegt nahe: Genau, es ist Wasser! Schenk mir ein Meer aus Tränen ....

Wenn wir uns die energetische Frequenz von Trauer ansehen, erkennen wir, dass sie in abgeflachten Wellen agiert. Etwas anteilnahmslos, fast schon leblos. Denn während Trauer eine riesige Welle, ein schwarzes Meer sein kann, was einen mitreißt, verschluckt und unliebsam nach eigenen Regeln wieder ausspuckt, ist sie am anderen Ende des Spektrums leise. Wie der stille Tod. Unbeeindruckt, motivationslos, leer.

Du hast sicherlich schon mal von den Phasen der Trauer gehört, oder? Es wird oft darüber gestritten, wie viele es jetzt genau gibt, aber eigentlich finde ich diese fünf ganz nachvollziehbar:

- Phase 1: Leugnen – Das kann einfach nicht sein!
- Phase 2: Zorn – Wenn ich leide, dann auch der Verursacher!
- Phase 3: Verhandeln – Wie kann ich es wieder geradebiegen?
- Phase 4: Tiefe Trauer – Scheiße! Ich kann es nicht verhindern oder ändern!
- Phase 5: Akzeptanz – Ich habe nun mal keine Wahl, ich muss es hinnehmen!

In deinem Körper spürst du Trauer vor allem in der Schwere deines Herzens und in deinem wummernden Kopf, nachdem du dir nächtelang die Augen ausgeheult hast. Der Rest der Körperaktivität ist gemindert, liegt man meist doch nur regungslos da und wartet, dass die Zeit an einem vorbeizieht. In der stillen Hoffnung, sie nimmt den Schmerz einfach mit. Das Gefühl einfach auszusitzen, scheint für viele ein natürlicher Umgang mit dem Brennen in der Brust.
Wie kannst du diese schwere Qualität, die dich auszubremsen scheint, nun so kanalisieren, dass du sie aktiv in Energie zum Manifestieren umwandelst? Dafür müssen wir uns anschauen, wofür so eine träge und einnehmende Frequenz am besten geeignet ist. Dem Naturell der Trauer nach liegen einige Themen nahe.

LEERE

Der wohl abstrakteste Zustand der Trauer ist die innere Leere. Eigentlich fühlt man nichts, aber irgendwie fühlt man sich dennoch beschissen. Antriebslos, motivationslos, sinnlos. Hast du Bock, irgendwas zu tun? Sicher nicht! Aber du liest diesen Abschnitt, wie du die Energie dennoch nutzen kannst, sollte es dir gelingen, den Arsch irgendwie doch noch hochzubekommen. Glücklicherweise sind ja nicht alle Phasen der innere Leere so stark ausgeprägt, dass man nur noch wie ein Seestern bewegungslos am Boden klebt. Sollte das der Fall sein, dann gönn dir die Auszeit, auch wenn es keine Auszeit ist. Sollte noch ein Funken Antrieb in dir aktivierbar sein, lass uns deine Leere nutzen und befüllen. Denn gerade jetzt bist du eine leere Leinwand und die kannst und darfst du auch nutzen!

Trauer channeln und nutzen – bei innerer Leere

Innere Leere ist eigentlich als energetische Frequenz der tote Punkt. Der Herzstillstand. Diese Nicht-Frequenz »zu channeln« wäre daher nicht korrekt beschrieben. Aber was soll's? Wir arbeiten also mit dem Nichts und wollen das Nichts befüllen, dafür schmeißen wir den Motor etwas an. Mit dem letzten Funken Energie, der noch in der rechten Socke vorhanden ist. Und mit einem Energydrink oder einer Handvoll Süßigkeiten. Jetzt ist es auch mal voll legitim, sich was Gutes, wenn auch Ungesundes zu gönnen. Die Leere selbst ist ein furchtbarer Ort, der zur Flucht anregt, hätte man die Kraft dazu. Man steht irgendwie unter selbst aufgebauten Druck, während der eigene Körper gerade so noch über den Boden schleift.

Um die Leere neu zu dekorieren, nimmst du dir ein Blatt Papier oder ein anderes Medium und Farben. Und wenn es Fingerfarben sind, wie bei einem kleinen Kind, das auf alle Regeln und Ästhetik scheißt. Es geht hier nicht um Schönheit und Perfektion, sondern darum, dass du künstlerisch zum Ausdruck bringst, mit welchen Qualitäten du deine Leere füllen möchtest. Jeder Pinselstrich setzt einen energetischen Marker und kreiert deine neue Realität. Ja, wir nutzen hierfür schamlos die Chaotic Art Manifestation aus dem vorherigen Kapitel.

> Während du also in Trauer oder dem Nichts versinkst, lässt du die bunten Striche dein Inneres neu bestreichen. Was willst du fühlen? Einen Regenbogen? Eine Sonne? Innere Freude? Male, was du sein möchtest, was du werden willst. Da muss nicht schön sein, darf abstrakt daherkommen und wenn sich die Malfarbe mit einer Träne mischt, ist das auch okay. Hier geht es darum, dem Ausdruck zu verleihen, was du statt der Trauer, statt des Schmerzes, statt der Leere gern hättest. Gestalte ein Bild im Außen, um es ins Innere einziehen zu lassen.

Meine besten und stärksten Werke sind in den Tiefpunkten meines Lebens entstanden. Ich habe Schmerz verarbeitet, aber auch Hoffnungen gezeichnet, und wenn ich mir diese Hoffnungen auf ein besseres Leben heute so anschaue, ist nahtlos alles in Erfüllung gegangen. Bei mir kommt aber auch hier zum Tragen, dass ich schon immer eine chaotische Künstlerin war und meine Magie auch in der Kunst von Bild, Wort und Sprache sehe. Einer der Gründe, wieso ich Bücher schreibe. Damit kann ich wortwörtlich eine Menge Menschen verzaubern, ihre beste Version zu entdecken. Und bisher klappt das auch ganz gut, würde ich mal frech behaupten.

EINSAMKEIT

Wusstest du, dass Einsamkeit einen dermaßen ungesunden seelischen Schmerz verursacht, der schlimmer ist, als eine ganze Packung Zigaretten zu rauchen? Wir reden hier nicht davon, bewusst Zeit allein zu verbringen oder me-time, sondern davon, gern Menschen um sich zu haben, soziale Kontakte, gern verstanden und geliebt zu werden, sich jedoch in seinem Schmerz unverstanden und zurückgelassen zu fühlen. Um einsam zu sein, muss man nicht mal zwingend allein sein. An den Tiefpunkten meiner Traurigkeit konnte ein Raum mit Freunden gefüllt sein, aber ich habe nur Schmerz und Abgeschottenheit gespürt, was in Anbetracht des Gelächters um mich herum noch Scham und Unverständnis mir selbst gegenüber erzeugte. Wie kann man dieses erstickende Gefühl also überhaupt zu irgendwas Produktivem verwursten? Immerhin ist mit Einsamkeit auch Sehnsucht und gelegentlich ein schmerzhafter Verlust verbunden.

Trauer channeln und nutzen – bei Einsamkeit

Ich gebe zu, solch eine schwere, träge Energie umzuwandeln, ist nicht ganz einfach. Unser Körper hat dafür jedoch eine gute Klärung für die Seele entwickelt: das Weinen. Bis heute wissen wir nicht genau, wozu es eigentlich wirklich gut ist, jedoch kann so ein richtig intensives Weinen sehr klärend wirken. Währenddessen absolut ungeil, aber hier können deine Tränen einen Effekt erwirken.

Schreibe also mit einem Filzer einen deiner Wünsche auf ein Taschentuch. So klein wie möglich. Wenn du mit der Trauer als Emotion arbeiten möchtest, bieten sich hier Themen der Spiritualität, der Verbundenheit, Empathie und Nähe zu anderen an. Wenn du dann weinen musst, lass deine Tränen auf die Filzstiftlinien tropfen und gib alle Energie, all den Schmerz, all die Hoffnung, die unterschwellig immer ein Teil der Trauer und der Einsamkeit ist, mit hinein. Schau, wie sich die Farbe auflöst und in die weiße Materie drumherum eindringt. So gelangt auch deine Manifestation in die unsichtbare Materie um dich herum. Bedenke aber dabei, dass Trauer mit ihrer energetischen Qualität immer eher sanfte Impulse setzt und langsame Veränderungen anstößt.

VERZWEIFLUNG

Die pure Verzweiflung ist wohl die schmerzhafteste Form der Trauer. Sie kann durch einen Verrat, eine Enttäuschung oder einen tragischen Verlust ausgelöst werden. Oder aber durch eine scheinbar aussichtslose Situation. Aus Verzweiflung hat man schon die ein oder andere dumme Sache gemacht. Es ist schwierig, nicht verklärt zu werden und aufgrund der Hoffnungslosigkeit noch den Blick für die wahren Begebenheiten zu behalten. Ich würde sagen, eigentlich ist es aus meiner Erfahrung mit Menschen und mir selbst fast unmöglich, verzweifelt rational und logisch zu bleiben. Dafür treibt einen diese Emotion viel zu sehr in die hektischste Richtung der Trauer.

Trauer channeln und nutzen – bei Verzweiflung

Hier kann eine Sache wirklich gut helfen, um die Energien zu kanalisieren, mit dem Universum klar zu kommunizieren und die Emotion aus sich herausbrechen zu lassen. Raus ist immer gut, da macht sie mehr Sinnvolles als innerlich, wo sie allenfalls implodiert. Nur Stolz hat bei dieser Methode wenig verloren. Wobei, wenn ich so verzweifelt war, dass ich diese Methode angewendet habe, dann war mein Ansehen in all der Verzweiflung irgendwie das Letzte, was mich noch interessiert hat. Ich wollte vor allem eine Veränderung der schmerzhaften Situation und dafür wäre ich bereit gewesen, so gut wie alles zu tun. Während du also verzweifelt zu Boden gehst, dich windest, heulst, bebst, schreist, weinst, was auch immer dein typischer Drama-Move ist – während du das tust, bittest du das Universum um die Veränderung, nach der du dich sehnst. Es ist eher schon ein Betteln, ein Flehen. Hat das Stil? Nicht unbedingt. Etwas armselig? Meinetwegen. Aber es muss ja keiner mitbekommen.

Auf diese Weise wurden schon wahre Wunder bewirkt. Hör dir mal die verrückten Geschichten von Menschen an, die in purer Verzweiflung, wie Zucker im Regen vollkommen aufgelöst, das Universum angefleht haben, ihnen Erleichterung zu verschaffen, und was daraus resultierte. Es setzt was in Bewegung. Zugeben muss ich jedoch: Da Verzweiflung so intensiv ist, bleibt das Ergebnis deiner Manifestation selbst mit gut gewählten Worten teilweise unberechenbar. Hier wirkt es für mich oft so, als würde das Universum einen Notfallplan entwerfen, um etwas ins Rollen zu bringen, was nicht immer exakt das ist, was man auch verbalisiert hat. Hier greift die Prämisse:

Das Universum weiß, was das Beste für dich ist.

Trauer kommt immer mit dem Wunsch nach Veränderung einher. Keiner hat Bock, darin zu verharren, denn sie macht träge und leblos. Und das ist wirklich kein schöner Zustand. Sie macht es einem nur schwer wie keine andere, in die Handlung zu kommen. Sie ist wie ein Klotz am Bein. Die angezogene Handbremse. Deswegen geht es gar nicht so sehr darum, sie auf Biegen und Brechen zu bekämpfen und in das Gegenteil umzuschwenken. Dass du mal Sport treibst, rausgehst in die Sonne, den Arsch hochbekommst – das hast du sicherlich oft genug gehört, wenn du traurig warst. Kann es die Situation verbessern? Sicherlich. Aber eben nicht immer und nicht bei jedem und, meine Fresse, manchmal geht's halt einfach nicht. Darum habe ich mit den Beispielen versucht, dir Channeling-Möglichkeiten an die Hand zu geben, die der Natur der Emotion entsprechen. Go with the flow und wenn's in diesem Fall der crying river ist, auch okay. Falls du es trotz allem schaffst, dich zu erheben und trotz Trauerklötzen an den Beinen in Aktion zu gehen: Gratulation, du Tier! Dann kannst du die Emotion der Trauer sicher noch viel aktiver umleiten als hier beschrieben!

Trauer

- Farbe: blau
- Element: Wasser
- Gestirn: Mond
- Körper: verminderte Aktivität im ganzen Körper bis auf Herz und Kopf
- Impuls: Rückzug und Resignation
- Qualität: flach und leblos
- Potenzial: sanfte Impulse setzen, um neue Wege einzuleiten
- Gute Themen zum Manifestieren: Auflösung, Spiritualität, Heilung, Körper-Seele-Geist, Kreativität, Bedürfnisse erkennen, Verbundenheit schaffen, Wahrheiten erkennen, Hellfühlen erlernen, Empathie ausbauen, Raum und Menschen lesen lernen, Schattenarbeit

INDIGO, DIE FARBE DER ANGST

Angst hat vor allem drei Aspekte, die bei jedem unterschiedlich auftreten. Entweder versetzt sie dich in den Angriff, in eine Schockstarre oder aber sie sorgt für deine Flucht. So wirklich beeinflussen kann man das nicht. Es kommt auf deine Persönlichkeit an, deine Vergangenheit, darauf, wie du mit Stress umgehst, und natürlich auf die Situation, die überhaupt erst Angst bei dir auslöst.

Wenn wir uns die energetische Frequenz von Angst ansehen, erkennen wir, dass sie hektisch und unkoordiniert ist. Sie hat kein festes Muster und schleudert wild von einer Ecke in die andere. Wie ein Hase, der hektisch Haken schlägt und hofft, den Angreifer so abschütteln zu können. Während uns Angst als Frequenz zittrig einen vortanzt, geben wir ihr die Farbe Indigo und das Element

Luft, da sie so einen Wirbel um alles macht. Angst ist eine Emotion, die uns grundsätzlich schnell überfordern kann, weil sie den Kopf und auch den Körper in ein Chaos stürzt, und sich wieder sinnvoll zu sortieren, dauert einige Momente. Schlimm wird es vor allem, wenn man eine ängstliche Persönlichkeit hat und sie Teil des alltäglichen Lebens ist. Jedoch beziehe ich mich zum Manifestieren hier auf die übliche Form der Angst, die jeder von uns im Alltag hin und wieder erlebt.

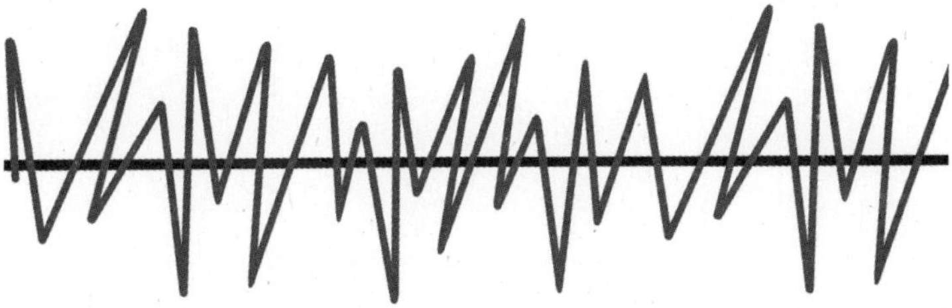

In deinem Körper spürst du Angst im Torso, oftmals vor allem im Magen und im Darmtrakt, dazu in den Lungen durch die erhöhte Atemfrequenz. Egal ob du einfrierst, aggressiv um dich schlägst oder wegrennst, jede Zelle in deinem Körper ist mit Stress durchflutet. Vibrierend, hektisch, rasch und unaufhaltsam. Du musst durchatmen, sonst könntest du kollabieren.
Wie kannst du diese stressgeladene Qualität nun zu deinem Nutzen umwandeln, um etwas Sinnvolles damit zu manifestieren? Dafür müssen wir uns anschauen, wofür so eine hektische und unkoordinierte Frequenz am besten geeignet ist. Und wieder einmal liegen einige Themen nahe.

NERVOSITÄT

Wir alle kennen das Lampenfieber, weil ein Auftritt naht, das Reporterteam die Kamera auf dich richtet oder du vor einer Gruppe von Leuten reden musst. Es reicht aber schon für viele, ein Telefonat führen zu müssen oder im Restaurant anzumerken, dass die Bestellung falsch geliefert wurde. Ganz zu schweigen davon, wenn du auf die Person triffst, in die du verknallt bist. Alarm! Das Herz schlägt dir bis zur Kehle und sich natürlich zu verhalten scheint schier unmöglich.

Angst channeln und nutzen – bei Nervosität

Nutze Aufregung und Nervosität, um neue, spannende Momente in dein Leben zu manifestieren. Dinge, die du sehen willst, Reisen, die du machen möchtest, Abenteuer, die du erleben willst. Um diese zappelige Energie in deine schwitzigen Finger zu bekommen, bietet es sich an, deinen Körper zur Vereinfachung der Kanalisierung zu nutzen. Dreh dich dreimal rechts um deine Achse, dreimal linksherum, halte dann inne und versuche das Gleichgewicht zu bewahren. Die Nervosität schwappt jetzt zwar immer noch in dir hin und her, ist aber selbst erst mal irritiert. Was bitte machst du da?
Dann halte deine Hände auf Brusthöhe und drück deinen Daumen mit jedem einzelnen Finger zusammen, erst die rechte, dann die linke. Bei jedem Finger, den du mit deinem Daumen berührst, setzt du einen energetischen Stoß ab und sprichst entweder laut oder, wenn nicht anders möglich, innerlich einen Satz aus, der dich deiner Intention ein Stück näherbringt. Wäre dein Ziel zum Beispiel, bei einer Castingshow angenommen zu werden, könnten sich die Sätze wie folgt anhören: »Ich mache bei der Show X mit. Ich lerne dabei viele interessante Leute kennen. Ich reise in eine neue Stadt. Ich erlange dadurch

Bekanntheit. Ich kann mein Talent zeigen. Ich brilliere. Ich generiere dabei viele Follower. Ich vernetze mich gut.« Ein gar nicht so triviales Beispiel, wollen doch so viele Influencer werden. Na ja, auf jeden Fall wäre das eine gute energetische Zielsetzung. Und dann geh dem nach, was du noch erledigen musst. Deinen Auftritt vorführen, das Video drehen oder den Vortrag halten. Wie auch immer.

FIGHT, FLIGHT, FREEZE

Die einen wollen wegrennen, die anderen darauf zuspringen und attackieren und wieder andere sind nicht imstande, überhaupt noch zu reagieren. Egal wie, bei Angst ist der Prozessor überlastet. Ein klassisches Beispiel ist, dass sich eine Person in Gefahr befindet, doch statt dieser zu helfen, ist man wie gelähmt, versucht, die Situation einzuschätzen, ist verwirrt, kann nicht reagieren. Overthinking. Der andere denkt gar nicht nach, handelt nur, schätzt die Situation falsch ein, weil er sich keine Sekunde Zeit genommen hat, um überhaupt irgendwas zu prüfen, und riskiert sein Leben. Egal wie Angst sich äußert, eine Sache ist immer wichtig: innehalten, kurz klar werden, sortieren, dann entscheiden.

Angst channeln und nutzen – bei Kampf, Flucht oder Starre

Das Kanalisieren von Angst ermöglicht dir die Fünf-Sekunden-Regel. Nein, nicht die, wo du das runtergefallene Essen noch aufheben kannst. Wenn du Angst hast, zähle langsam von fünf bis eins. Klingt banal, ist es auch, aber neben dem Tipp, langsam und bestimmt zu atmen, ist sie nicht ohne Grund so

beliebt. Natürlich ist das oftmals nichts so einfach, aber das ist es mit den meisten Emotionen, die uns wie ein Truck überfahren, nun mal nicht. Üben. Üben. Üben.
Während du also fünf Sekunden lang rückwärts zählst und dich fragst, wie dieser Mist bitte helfen soll, erkläre ich es dir: Wenn du einen Impuls hast, musst du ihm binnen fünf Sekunden folgen, ansonsten stirbt er ab. Bei Angst ist der Impuls natürlich nicht sonderlich hilfreich. Wenn du also von fünf rückwärts zählst, aktiviert das deinen präfrontalen Cortex und du musst dich konzentrieren, damit durchbrichst du den Impuls, aber auch festgefahrene Angewohnheiten oder unbewusste Gedankenmuster.
Dann lenkst du dein Gefühl und deine Gedanken auf dein zu manifestierendes Ziel. Hier bietet es sich an, nahestehende Themen zu nutzen, wie die Abgrenzung von Dingen, die Loslösung aus belastenden Situationen, das Aufbrechen alter Verhaltensstrukturen und das Heranziehen neuer, frischer Lebensumstände.

PANIK

Panik oder auch eine Panikattacke sorgt in deinem Organismus für Adrenalin. Es ist die Maximalform der Angst. Das Problem damit ist, wenn du verharrst, zu Boden sinkst und dich in die Abwärtsspirale der Panik begibst, kann dieses Hormon nicht abgebaut werden – es lähmt dich. Die Starre, das bereits angesprochene »Freeze«.
Was den meisten Menschen hilft, um den Fokus wiederzuerlangen, ist, sich zu bewegen. Aus der Situation auszusteigen. Das Auto an die Seite zu fahren, das Gespräch zu unterbrechen, aufzustehen, sich zu bewegen, zu rennen. Durch die körperliche Betätigung wird das

Herzrasen nun mehr mit der physischen Aktivität verknüpft, was dir hilft, aus dem Endzeitszenario deiner Psyche auszusteigen. Das mag am Anfang teilweise schwer sein, ist aber mit Übung ein machbarer und sehr sinnvoller Copingmechanismus. Sollte eine Angst- oder Panikstörung vorliegen, bringt dieser Tipp allein natürlich nicht die Heilung und sollte um therapeutische Maßnahmen ergänzt werden, um die krankhafte Ausprägung der Angst unter Kontrolle zu bringen.

Angst channeln und nutzen – bei Panik

Um die Energie der Emotion nutzen zu können, heißt es erst mal rennen! Zähle dabei drei Dinge auf, die du siehst, hörst oder fühlst. Wiederhole das Ganze mit weiteren Elementen, die du listet, während du in Bewegung bleibst, bis sich der Tunnelblick lichtet und nur noch dein Herzrasen als Erinnerung an die pure Panik übrigbleibt.
Leg eine Hand auf deine Brust und spüre, wie es pumpt, wie die Energie durch deine Glieder schießt und sich ausbreitet. Während du weitergehst, spürst du deinem Atem nach und bemerkst deine Kehle, die etwas brennt. Sammle dieses Gefühl in deinem Hals an, konzentriere dich darauf und dann renn und sprich aus, was du manifestieren willst. Mit aller Inbrunst. Gemäß dem Flow der Energie bieten sich hier vor allem Dinge an, die du von dir entfernen möchtest oder zu denen du Distanz aufbauen willst. Das muss rein gar nichts mit der Situation, die die Panik ausgelöst hat, zu tun haben. Du willst ja nur ihre Qualität nutzen. Von einem »Er soll mich nicht mehr anrufen. Er ruft mich nicht mehr an! Aus den Augen, aus dem Sinn«, um jemandem eine energetische Blockade zu setzen, bis hin zu »Ich distanziere mich von Eigenschaft X an mir. Sie ist kein Teil mehr von mir. Ich lasse sie los und löse sie auf« kann alles

> dabei sein. Lass deine Energie darauf los, während du zeitgleich aber auch nachspürst, was deine Manifestation genau bewirken soll. Wenn du also die Eigenschaft X loswerden willst, stell sie dir vor, wie du dich dabei verhältst, löse dieses Bild auf und spüre dann nach, wie du dich stattdessen verhältst. Steck die ganze Intensität deiner nun kontrollierten Angst hinein, um eine Veränderung zu erzeugen.

Angst

- Farbe: indigo
- Element: Luft
- Planet: Neptun
- Körper: verminderte Aktivität im unteren Teil des Körpers und erhöhte in Torso und Hals
- Impuls: Angriff, Flucht oder Starre
- Qualität: nervös und unkoordiniert
- Potenzial: Loslösung und Heilung
- Gute Themen zum Manifestieren: Transformation, Auflösung, Gabe, Aufgabe, Sinn, Blockaden lösen, Kontrolle erlangen, Adaption, Chaos stiften, Situationen aufbrechen

Angst kann das ganze System vereinnahen und nichts anderes mehr zulassen. Darum ist es so wichtig, wieder Kontrolle darüber zu erlangen, damit du überhaupt die Chance hast, die Energien zu kanalisieren. Und dass dein Körper im Erregungszustand ist, dein Herz pumpt und du gerade durchflutet von zuckenden Impulsen bist, ist dabei dann gar nicht das Schlechteste. Du musst also nicht warten, bis du wieder total ruhig bist, du kannst den Schwung freigesetzter Energie nutzen, das ist ja der Sinn bei der Rainbow Method. Nur die ersten fünf Sekunden ist es wichtig, erst mal überhaupt wieder die Kontrolle zu übernehmen. Aber mit genügend Übung bekommst du das hin. Immerhin ist es so oder so erstrebenswert, Angst abschwächen zu können und dann deine Gefühle wieder mehr selbst in der Hand zu haben. Auch allein schon für sich, selbst wenn du sie letztlich nicht zum Manifestieren nutzt.

VIOLETT, DIE FARBE DES HASSES

Hass gilt für fast alle Menschen als das Gegenteil von Liebe. Während diese das schönste Gefühl ist, ist Hass für die meisten die negativste Emotion. Hass und Liebe sind in ihrer Qualität gegensätzlich und in ihrem Potenzial gespiegelt. Denn während man in Liebe versucht, Dritte zu schützen und positiv zu beeinflussen, so will man im Hass durch den Schutz unliebsamer Personen hindurchdringen und sie negativ beeinflussen. Sie leiden lassen. Sie einen Ausgleich für den eigenen Schmerz und die Ungerechtigkeit fühlen lassen.
Wut ist des Hasses kleiner Bruder und meines Erachtens eine der mächtigsten Emotionen, um etwas in Bewegung zu setzen. Hass hingegen ist seine toxische Steigerung. Man ist in die tiefsten Tiefen hinabgestiegen. Um zu hassen, bedarf es bei den meisten enormer Vorkommnisse, die dieses Gefühl rechtfertigen. Echter, tiefer Hass ist für die meisten selbstreflektierten Menschen schwer zu erzeugen und zu halten. Es ist eine der ersten Emotionen, die üblicherweise in Therapiesitzungen aufgelöst wird. Denn Hass gegenüber bestimmten Personen entsteht oftmals durch sehr traumatische Erlebnisse, die einen Menschen zutiefst erschüttern, verletzen, ihm den Boden unter den Füßen wegreißen. Dabei wird Hass mit dem tiefen Violett des Regenbogens assoziiert und trägt als Element das Feuer in sich. Und dabei meine ich seinen zerstörerischsten Aspekt.

Wenn wir uns die energetische Frequenz von Hass ansehen, erkennen wir, dass sie einschneidend ist, sehr hart und spitz. Sie sticht zu in großen Kanten und bleibt nicht unbemerkt. Hass brodelt wie ein giftiges Gebräu in uns und will hinausgespuckt werden. Oftmals treffen dann einige Querschläger leider auch Leute, die gar nicht gemeint waren. Hass entsteht oftmals auch über lange Zeiten hinweg, wegen perfider Situationen, denen man über längere Zeit ausgesetzt ist. Hass ist wie der Kochtopf, in dem der Frosch sitzt. Erst ist das Wasser kalt, doch es erhitzt sich so langsam, dass der Frosch gar nicht merkt, dass er zerkocht, bis es um ihn geschehen ist. Keiner hält freiwillig eine hasserzeugende Situation aus. Oft ist man gezwungen, sich damit zu arrangieren, oder denkt, man hätte keine andere Wahl, weil der eigene Selbstwert schon so geschwächt ist. Und so verteilt sich die schwarze Melasse in dir, bis du sie irgendwann auskotzt.

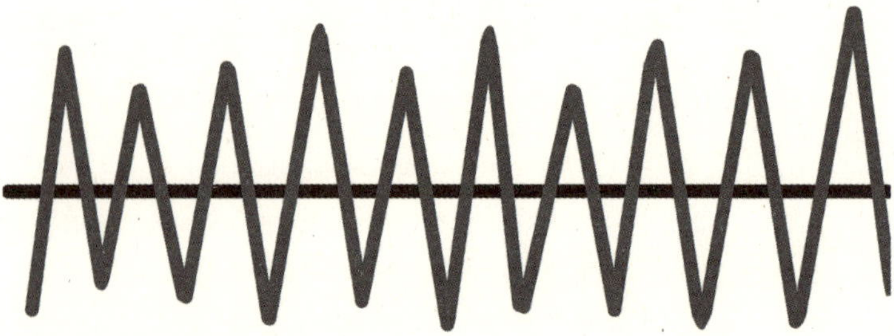

In deinem Körper spürst du Hass als ein tiefes Brennen. Du willst handeln, du willst etwas niederbrennen, du willst zerstören, dich zur Wehr setzen. Alles in dir ist bereit, alles zu tun, um Wiedergutmachung zu erfahren. Es gibt keine körperlich vereinnahmendere Emotion als Hass.

Wie kannst du diese zerstörerische Qualität nun so kanalisieren, dass du sie für deine Zwecke nutzen kannst? Dafür müssen wir uns anschauen, wofür so eine brennende und spitze Frequenz am besten geeignet ist. Ihrem Naturell nach liegen einige Themen nahe.

VERACHTUNG

Sicherlich kennst du das, du bist so mega genervt von jemandem, atmest lautstark aus und denkst nur »Geh mir nicht auf den Sack und verpiss dich!« Und schwuppdiwupp, es wird gestolpert, sich verheddert, sich verhaspelt. Irgendwas Unangenehmes passiert der Person. War gar nicht deine Absicht. Aber so läuft das eben, deswegen sei vorsichtig, wem du diese Energie schickst. Hass ist explosiv. Gelegentlich kommt es sogar vor, dass wir Leute, die wir eigentlich gernhaben, damit negativ beeinflussen. Natürlich unterscheidet sich Genervtsein von Verachtung oder gar Hass. Tiefer Verachtung folgt nämlich zumeist Zerstörungswut. Und Zerstörung beinhaltet Absicht, Bewusstheit und somit eine gewisse Form von Grausamkeit. Keine Ahnung, was man dir angetan hat, dass du die Welt brennen sehen willst. Aber es muss schon einen triftigen Grund dafür geben.

Hass channeln und nutzen – bei Verachtung

Da Hass so einnehmend ist und die Zerstörungswut so immens, ist es fast nicht notwendig, dir zu erklären, wie du ihn kanalisierst und auf jemanden richtest. Das machen die meisten einfach so, automatisch, weil genau das ihr innigster Wunsch ist: den anderen leiden zu sehen. Du beißt die Zähne zusammen, richtest deinen Blick auf die Person, schreist es vielleicht sogar heraus und gibst dem Brennen nach. Kannst du schon so machen, aber weiß ich nicht, ob ich in meinem Buch so gern dazu raten möchte. Darum möchte ich dir lieber eine andere Möglichkeit aufzeigen, wie du die Emotion etwas abfederst und dabei dennoch aber ihren Antrieb progressiv für dich nutzt.

Der echte Hass, von dem wir reden, betrifft eigentlich immer Lebewesen, zumeist Menschen. Genauso wie die Liebe. Natür-

lich können wir einen Job hassen und ein Hobby lieben, aber das ist irgendwie in der Qualität der Emotion noch mal was ganz anderes, als sein Haustier zu lieben oder seinen perfiden, hinterlistigen Arbeitskollegen zu hassen. Du weißt sicher, worauf ich hinauswill. Wir spüren den Unterschied in der Qualitäten dieser Energie. Wenn also jemand in dir gerade Hass auslöst, bietet es sich an, ein Foto dieser Person ausdrucken und die Hände darüber schweben zu lassen. Auch eine Puppe oder so was geht. Fixiere die Person mit deinem Blick. Gib den Hass hinein. Tatsächlich geht es gar nicht darum, böse Absichten zu formulieren, nein, du sollst nur stupide dieses Gefühl in das Bild oder Objekt abgeben.
Du sollst keine Wünsche, Absichten oder Rachegelüste hineingeben. Noch sollst du nichts manifestieren. Nein. Spüre und gib ab, ansonsten bleib neutral in deinen Absichten.
Das ist die Meisterleistung, die du erbringen musst.
Wenn du das Gefühl hast, so langsam ist die Luft raus, hör auf. Nun hast du ein Objekt, das mit hasserfüllten Energie geladen ist, grandios, oder? Je nachdem, was du damit machen willst, schon! Du hast jetzt ein perfektes Utensil zum Manifestieren geschaffen. Das nächste Mal, wenn du jemanden auf Abstand halten willst, leg ein Objekt, das diese Person repräsentiert, auf das geladene Bild und sage der Energie, was sie tun soll: »Geh auf dieses Objekt über und sorge dafür, dass mein Chef ausgewechselt wird, denn er ist unerträglich. Aber es soll ihm nichts Ernsthaftes passieren.« Letzteres ist bitte eine wichtige Ergänzung, damit es ihm nicht links und rechts um die Ohren fliegt. Oder, falls du die Energie einfach nur loswerden willst, begrabe das Foto. Zack und weg, Mutter Erde nimmt und neutralisiert. Natürlich kannst du damit auch allerlei Unschönes anstellen. Aber das steht hier nicht im Fokus.

MISSGUNST

Erst stand hier Neid, weil die meisten Leute mit dem Begriff eher was anfangen können. Aber Neid per se ist nicht unbedingt schlecht. Neid zeigt dir auf, was du willst, Neid kann ein Motivator sein, dasselbe zu erreichen. Jedoch, und das passiert, wenn du nicht ehrlich zu dir bist, kann Neid toxisch werden und dann wird er zu Missgunst. Dies bedeutet, dass du nicht nur etwas willst, was jemand anderes hat, nein, genau darum gönnst du es der Person auch nicht. Du willst es ihr wegnehmen oder wenigstens wissen, dass sie es genauso miserabel hat wie du. Missgunst vergiftet zuerst dich selbst und dann fast schon wahllos die Menschen um dich herum, die deinem Neid zum Opfer fallen. Man kennt ja den Begriff »Augen machen« auch daher, jemandem einen missgünstigen Blick zuzuwerfen und ihm so schlechte Energien zu senden, ja, ihm sogar schlechte Ereignisse zu manifestieren. Nicht umsonst hat jede Kultur ihr Schutzsymbol dafür. Es macht also immer mal wieder Sinn, zum Beispiel mit Wut oder Ekel eine energetische Barriere zu manifestieren, damit du von der Kackscheiße neidischer Leute nicht eingeholt wirst. Just sayin. Aber was tun, wenn du die Emotion selbst verspürst?

Hass channeln und nutzen – bei Missgunst

In der Natur der Emotion liegt natürlich irgendwie, es anderen schwer zu machen, aber auch hier möchte ich dir andere Möglichkeiten aufzeigen. Zwingen kann ich dich nicht. Machst ja eh, was du willst. Aber wenn dir mal wieder die Missgunst bis zur Kehle steht, halte inne und stell dir folgende Fragen:

- Warum habe ich dieses Gefühl?
- Was hat das mit mir zu tun statt mit meinem Gegenüber?
- Welche Bedürfnisse werden mir aufgezeigt?

- Was sollte ich an meinem Leben ändern, um mich besser zu fühlen?

So wandelst du deine Missgunst durch Verständnis dir selbst und Ehrlichkeit deinen wahren Wünschen gegenüber in Neid um. Und mit Neid lässt sich als energetischer Qualität zum Manifestieren gut arbeiten. Jetzt konzentriere dich darauf, was du willst. Was willst du in dein Leben ziehen? Nutze das Feuer des Neids, um es dir auszumalen. Größer, stärker, schöner, kraftvoller, besser.
Wer bist du? Wo willst du hin? Dieses Gefühl lässt sich wunderbar auch mit einer der modernen Manifestationsmethoden kombinieren. In neidischer Energie den ungezügelten Antrieb finden, sein perfektes Leben auf ein Visionboard zu klatschen? Aber sicher doch!

Siehst du! Es gibt keine »falsche Emotion«, keine »schlechten Energien«, um den Antrieb für eine Veränderung zu generieren. Du kannst diese Methode und deine Emotionen alle hemmungslos zu deinem Vorteil nutzen und mit anderen Manifestationstechniken, die dir liegen, wild kombinieren. Denn du bist frei, verdammt. Und deine Emotionen sollten es auch sein. Na ja, solange nicht komplett die Pferde mit dir durchgehen und du alles in Schutt und Asche legst.

EIFERSUCHT

Etwas, das mit Eifer sucht und Leiden schafft. Im Gegensatz zum Neid geht es bei der Eifersucht nicht darum, etwas haben zu wollen, was jemand anderes hat, sondern darum, etwas, was man schon besitzt, nicht an einen Dritten zu verlieren. Oftmals sind das Liebespartner, Geld oder Karrierestellungen. Die Qualität der Energie hier ist also mehr passiv als aktiv. Das musst du zu unterscheiden wissen.

Hass channeln und nutzen – bei Eifersucht

Wenn dich die Welle der Eifersucht erfasst, roll dich zu einer Kugel ein, halte dich selbst. Gib dir Stabilität und Sicherheit. Spüre die Energie durch deinen Körper wandern. Unangenehm. Ich weiß. Umarme dich selbst, greif mit deinen Händen um deine Schultern. Du bist eine kompakte Kugel, ein Energieball der Eifersucht. Nichts Verwerfliches daran, nur auffressen darf es dich nicht. Lass uns die Energie channeln und hinausleiten, etwas Nützliches damit machen.
Drück deinen Körper zusammen, umarme dich in pulsierenden Intervallen und bei jedem Anspannen stellst du dir vor, wie du die Emotion aus dir herausdrückst. Wie du die Energie um dich herum lagerst, wie ein Schutzball, der dich einhüllt. Manifestiere eine weiße Hülle um dich, einen Ball, der deinen physischen Körper, aber auch dein Herz und deine Seele vor Verletzungen schützt.
Wenn du bereits sehr geübt bist, kannst du diesen Schutz auch später um andere Dinge herumlegen. Um Objekte, um dein Heim, um Dinge, die dir wichtig sind. Immerhin hast du die Frequenz so zurechtgerückt, dass du ihren defensiven und verteidigenden Charakter zu deinem Vorteil nutzt.
Auch andere werden diesen energetischen Schutzmantel als unangenehm empfinden. Statt sich also in Licht und Liebe zu hüllen, was für Energievampire sehr anziehend sein kann, ist etwas umstrukturierte Eifersucht als Defensive gar nicht mal so schlecht.

Hass

Farbe: violett
Element: Feuer
Planet: Saturn
Körper: Brennen durch den ganzen Körper
Impuls: vernichten
Qualität: hart und abstoßend
Potenzial: Zerstörung und Manipulation
Gute Themen zum Manifestieren: Ansporn, Schutz, Transformation, Abstand, Ausgleich, Gerechtigkeit, Veränderung, Rache, Hinterhalt, Zerstörung, Schaden – wobei Selbstzerstörung immer auch ein Resultat der letzten vier Aspekte ist

Hass ist eine Emotion, bei der du dir sehr bewusst sein solltest, wie du sie einsetzen möchtest. Es ist schwer, sich nicht mitreißen zu lassen. Die Zerstörungskraft von Hass zu nutzen ist enorm verlockend, aber oftmals ziemlich dumm. Natürlich musst du für dich selbst entscheiden, ob es gerechtfertigt ist, deine Manifestationen dafür zu nutzen, anderen zu schaden, und ob es dir das wert ist, einen Backlash zu kassieren. Bedenke, dass du in Hass kaum vernünftig darüber nachdenken kannst, denn zumeist wird dir das in diesen Sekunden scheißegal sein. Aber es zählen die Sekunden, Stunden, Tage, Monate danach. Ich werde hier nicht den Moralapostel spielen, denn auch ich habe mir meine Kriege ausgesucht und gekämpft, aber sei dir bewusst, dass es nach hinten losgehen kann. Atme lieber fünfmal mehr durch, um einen kühleren Kopf zu bekommen, bevor du dich entscheidest, für welche Art der Manifestation du diese massive einsetzt.

FAZIT

Wie du gelernt hast, gibt es nicht die eine Herangehensweise bei der Rainbow Method, um jede der sieben Grundemotionen auf die gleiche Art zu channeln und nutzbar zu machen. Vielmehr habe ich all diese Situationsbeispiele genutzt, um dir aufzuzeigen, was für ein komplexes Wunderwerk du mit all deinen Empfindungen bist. Anhand meiner Methode solltest du ein Gefühl dafür bekommen haben, wie jede Emotion im Kontext ihres Auslösers für dich nutzbar gemacht werden kann. Die wichtigste Grundregel ist und bleibt aber dabei, die Kontrolle über deine Emotionen zu erlangen, statt dass sie dich kontrollieren. Nur dadurch kannst du ihre Energie kanalisieren und nutzbar machen. Ansonsten sind sie eher wie ein Inferno, ein wildes Feuerwerk, das sich an deinem Himmelszelt strukturlos verteilt und in alle Richtungen schießt.

Du kannst meine Beispiele nutzen oder das nächste Mal, wenn du eine intensive Emotion spürst, kurz innehalten und überlegen, wie du sie am besten greifbar machst, die Kontrolle erlangst und dann das intensive Gefühl in das Universum abschießt, um deinen Willen zu bekommen. Um zu manifestieren, wonach du dich sehnst. Auf eine Aktion folgt immer eine Reaktion. Wenn du die Energie der Emotion also, statt sie in dir zu behalten oder gar zu unterdrücken, gezielt hinausgibst, wird auch hier eine Reaktion erfolgen. Und wenn du Worte sprichst, denkst, schreibst, dann achte darauf, dass sie sich für dich real anfühlen. Übertreib es nicht, aber trau dir auch nicht zu wenig zu. Es geht darum, dass du den Sweet Spot findest, dich spüren lernst und das Ganze immer weiter ausbaust. Dich hochlevelst. Das ist ein Prozess und das ist okay so, ja, sogar gesund, weil es sonst wohl auch überfordernd wäre, von einem Tag auf den anderen alles zu ändern. Dein Denken, dein Reden, dein Fühlen, dein gesamtes Leben. Es macht schon Sinn, auf das Wort »nicht« zu verzichten, und es ist schön, wenn du von den Dingen so reden kannst, als wären sie schon in deinem Leben. Aber es gibt da keine strikten Regeln. Wichtig ist, dass es sich authentisch anfühlt. Zerdenk das Ganze nicht. Es geht immerhin um Gefühle, gehe ihnen nach und leite sie um. Nur darum geht's.

Bei der Manifestation geht es immer um die Ausrichtung deiner Energien und deiner Emotionen. Durch das Channeln setzt du sie gezielt in eine Richtung, was dann eine entsprechende Wirkung provoziert. Hexen nennen es Magie, Schamanen Energiearbeit, Atheisten Placebo, Wissenschaftler Quantenphysik und beim Normi ist nun mal die Manifestation als Begriff alltagstauglich geworden. Egal welchen Begriff du nutzen möchtest, um die Macht deiner Emotionen, deiner Energien, deiner Gedanken, Worte und Taten klar auszurichten – wichtig ist nur, dass du alle diese Aspekte nutzt und nicht nur ein paar wenige davon. Alles davon kann dein Leben verbessern und aktive Veränderung im Außen provozieren.

ENTSPANNUNG

Als Letztes will ich noch auf die Emotion eingehen, die eigentlich die Abwesenheit aller Emotionen ist. Sie bildet den Ankerpunkt, die ausgewogene Mitte und somit den Grundstein, von dem aus jede Emotion, jede Erinnerung und jedes Gefühl am leichtesten bewusst und bestimmt abrufbar ist.

Ich habe lange gesucht, was mir wirklich Entspannung bringt, und es sind tatsächlich Massagen. Aber die müssen mindestens eine Stunde lang sein, weil mein nervöser Geist, der sonst so umtriebig seine Energie in tausend Gedanken schleudert, die ersten dreißig Minuten lang erst mal zur Ruhe kommen muss. Und das kann er am besten, wenn mein Körper beschäftigt ist, ohne dass ich aktiv agieren muss.

Die meisten kommen mit Gefühlen der Freude und der Liebe am einfachsten in die Entspannung, was daran liegt, dass wir uns durch sie von Natur aus gut fallen lassen können, geborgen und sicher. Die anderen fünf Emotionen versetzen uns in Anspannung, sodass wir Entspannung jetzt umso mehr gebrauchen können. Allein schon für unser Nervensystem. Somit schließt sich die Klammer hier zum Anfang des Buches: Denn egal, ob du als Werkzeug eine der etlichen Meditationstechniken nutzt, um ganz allein in deinen vier Wänden in die Entspannung zu kommen, oder ob du etwas ganz anderes findest, was dich zu deinem Ruhepol führt, hier ist der Anfang und das Ende. Der Kreislauf der Emotionen, der Kreislauf der Energien schließt sich hier im Nullpunkt. Der Entspannung. Hier hörst du dich ohne Sturm, ohne Trubel. Hier hörst du das Universum. Entspannung ist neutral. Eine Form der Zufriedenheit, die dennoch keine freudige Euphorie ist, sondern einfach das Sein im Hier und Jetzt ermöglicht. Entspannung hilft dir, zu verstehen, was du wirklich willst. Denn oft sind wir getrieben von unseren Emotionen, die in uns Bedürfnisse wecken, die oft nur in dem Moment relevant sind. Und willst du wirklich deine kostbare Energie für Trivialitäten rausschmeißen? Ich denke, nicht.

Finde deinen Ruhepol, denn so findest du dich selbst.

Letzte Tipps vor dem großen Date

MANIFESTATION KLAPPT NICHT? BLOCKADEN LÖSEN

»Meine Manifestation funktioniert nicht! Alles Humbug!« Wer so was denkt, findet auf den folgenden Seiten Abhilfe. Wenn dich alte Muster und Gedankenstrudel fressen und hinabschlingen wie der dicke Junge die Schokolade bei Willy Wonka, dann lass uns da ansetzen. Was eigentlich immer hilft und nachhaltig Vorteile bringen kann, ist die Auflösung von Gedankenblockaden. Deine indoktrinierten und ständig wiederholten Negativspiralen sind der Cockblock für das Universum, wenn du verstehst. Kein fruchtbarer Impuls steht lang genug, um seine Saat zu säen. Denn der tief verwurzelte Glauben, dass du es eh nicht packst, hackt wieder dazwischen. Macht nichts. Schauen wir uns solche Glaubensmuster an, denn wenn wir die Wurzel allen Übels bis zum Ursprung verfolgen, können wir sie direkt rausreißen, ohne dass sie wieder nachwächst.

GELDBLOCKADE

Viele sind mit dem Mindset aufgewachsen, dass es zu wenig Geld gibt. Dabei ist genau das absurd. Inflationen und Bankenkrisen gibt es immer genau dann, wenn mal wieder zu viel davon nachgedruckt wurde. Geld ist beliebig und austauschbar. Es ist sogar einzig und allein für den Austausch geschaffen worden. Geld ist eine Währung, um Lebenszeit zu bemessen. Wie viel Wert haben die handgemachten Schuhe? Die Massage? Die Brötchen oder das Tattoo? Jeder, der konsumiert, konsumiert Lebenszeit anderer Menschen, die wir bezahlen, damit auch diese wiederum Lebenszeit anderer Menschen konsumieren können. Somit hat Geld nur zwei wirkliche Zwecke: dir Grundbedürfnisse zu erfüllen und schöne Momente zu ermöglichen. Wobei dir klar sein sollte, das Zweiteres auch ohne Geld möglich ist. Geld ist eine Erleichterung, kommt aber irgendwann an seine Grenzen. Ab einem bestimmten Einkommen, etwa 5000 Euro monatlich, hat es keine signifikanten positiven Auswirkungen auf die Psyche mehr. Um also aus deinem Mangelmindset rauszukommen und der stetigen Angst, es würde nicht reichen und nicht genug von dem bedruckten Papier geben, ist folgendes Mantra hilfreich:

»Erfolg und Geld lassen sich immer neu generieren. Sie sind austauschbar, beliebig, unendlich und ersetzbar. Geld ist Energie und nur zum Austausch da. Geld ist auch für mich verfügbar.«

Ein kaputter Körper oder eine kaputte Psyche sind im Gegensatz zum schnöden Chingeling nicht zu ersetzen. Geld kann dir keine echte Freude spenden, dir nicht deine psychischen Probleme, deine Trauer oder den Schmerz in deiner Seele nehmen. Glaube mir. Ich habe einige der schönsten Momente verpasst, um die mich wohl jeder beneidet hätte, einfach weil es mir psychisch schlecht ging. Da konnten die krasseste Reise, der größte Luxus und die besten Erlebnisse keine Abhilfe schaffen. Geld ist nicht die Lösung für deine innere Leere. Geld ist ein Mittel zum Zweck. Nicht mehr, nicht weniger. Lass es nicht dein gesamtes Leben kontrollieren, deine Gedanken, deinen Fokus. So machst du dich zum Sklaven eines Systems, was nicht darauf ausgelegt ist, uns glücklich zu sehen. Klar brauchst du Geld zum Überleben, logisch, aber du solltest innerlich eine gesunde Distanz dazu aufbauen können. Deine Energie, deine Liebe, die sind endlich, denn deine Zeit als das Bewusstsein, als das du gerade existierst, ist begrenzt.

Blockadenbrecher

Jetzt wird es provokant, blasphemisch würden es einige nennen, für die Geld schon Gottstatus eingenommen hat, weil sie alle Verantwortung daran abgeben. Aber wenn du das Eis wirklich brechen willst, musst du die Ketten mit einem großen Knall sprengen. Nimm dir ein Scheinchen und verbrenne es. Schreib davor gern noch etwas Verstärkendes darauf wie »Du hast keine Macht über mich«, »Ich habe immer Zugriff auf dich«, »Von dir gibt es mehr als genug«.
Jetzt schüttelst du den Kopf? Wie kann sie so eine Verschwendung nur anpreisen? Da spricht deine Angst. Was könnte ich nur alles mit diesem Geld machen? Wirklich? Wie oft hast du schon Geld zum Fenster rausgeschmissen für irgendeinen Schrott? Da sollte ein Schein zur Befreiung ja wohl drin sein. Je mehr es dir widerstrebt, desto mehr zeigt es deine Abhängigkeit. Es geht ja nicht darum, dekadent 500-Euro-Scheine zu verbrennen, um irgendwas zu beweisen. Es geht um diese Blockade im Kopf, dass dieses bedruckte Papier mehr Wert hat als alles andere auf diesem Planeten. Geld sollte uns helfen, zu tauschen, aber wir haben es zum Status quo der absoluten Macht erhoben. Unsere geistige Abhängigkeit entspricht der eines Junkies, der immerzu seinen Stoff braucht. Doch zu viel Konsum macht das Gehirn kaputt und dich unglücklich. Es wird Zeit, deine Abhängigkeit zu lösen. Also, burn, motherfucker, burn!

ERFOLGSBLOCKADE

Ähnlich wie das liebe Geld ist natürlich auch der Erfolg in der Karriere, der zumeist eng mit dem schnöden Mammon verknüpft ist. Ob du jetzt erfolgreich sein möchtest, um ordentlich Kohle zu scheffeln, um zu beweisen, dass du wirklich grandios in deinem Fach bist, oder um es jemandem unter die Nase zu reiben, der immer versucht hat, dir einzureden, du könntest es nicht schaffen – die Motive für Erfolg sind mannigfaltig. Erfolg haben zu wollen ist immer aus einem Bedürfnis heraus zu betrachten: Befriedigung des Egos. Oh nein, das schlimme Ego! Oder? Papperlapapp. Das Besondere an der menschlichen Erfahrung ist das Ego. Ego bedeutet Selbst. Dass wir uns unserer selbst bewusst sein können, haben wir diesem Ego zu verdanken. Wir brauchen es. Natürlich kann man ein zu großes Ego haben und sich über alle anderen stellen, was starke Defizite beweist, gleichsam aber auch ein zu kleines Ego, was immer zweifelt und sich selbst nicht richtig (ein-)schätzen kann. Beides nicht gesund. Das eine für andere vielleicht nur etwas nerviger als das andere. Aber ein Ego haben wir alle: zum Überleben. Nichts Schlimmes dran.

Erfolg ist also egogesteuert. Bestätigung. Anerkennung. Wir beweisen uns selbst oder anderen etwas. Vollkommen okay. Ich bin auch sehr erfolgsorientiert. Mir macht es eben Spaß, Dinge zu erreichen, Aufgaben fertigzustellen, gute Arbeit zu verrichten. Darin gehe ich auf. Bin eben auch ein kreativer Mensch. Mir ist der Schaffensprozess genauso wichtig wie ein gutes Ergebnis.

Probleme mit Erfolg haben grundsätzlich Leute mit einem zu kleinem Ego. Sie glauben nicht richtig an ihre Fähigkeiten, haben zu große Angst vor dem Versagen, möchten sich nicht blamieren und versuchen entsprechend erst gar nicht richtig, ihre Ziele anzugehen. Denn wer erfolgreich sein will, muss den Mut haben, zu scheitern.

Vielleicht hast du diese eine grandiose Idee, aber so richtig angefangen, richtig befeuert hast du sie noch nicht, oder? Vielleicht ist nicht der richtige Zeitpunkt, du bist noch nicht weit genug damit oder es fehlt noch der gewisse Spark? Der Perfektionismus findet immer die perfekte Ausrede. Solange es nicht perfekt ist, gehe ich damit nicht in die Sichtbarkeit! Was für ein Trugschluss! Du beraubst dich selbst der Möglichkeit, Dinge auszuprobieren, beim Scheitern zu merken, was angepasst werden muss, oder die Idee zu verwerfen, um die vielen weiteren grandiosen Ideen zu entdecken, die die ganze Zeit dahinter versteckt waren.

Blockadenbrecher

Nimm deine Idee, nimm deinen gewünschten Erfolg und geh damit raus! Jetzt sofort! Vollkommen egal, ob es nur eine grobe Idee ist, halb fertig, oder ob du diese eine Referenz noch sammeln willst, um dich irgendwo zu bewerben. Du musst in den Ring. Nichts ist frustrierender, als mit einem ach so perfekten Werk in die Welt zu gehen, was keinen interessiert, während du aber viel zu starr geworden bist, um noch Inspirationen und Änderungen anzunehmen.
Ein halb fertiges Projekt ist perfekt, denn dann bist du noch flexibel. Du weißt, wo du hinwillst, bist aber bereit, neue Erfahrungen und Impulse dafür anzunehmen. Und das Wichtigste ist: Wenn du jetzt rausgehst, jetzt in die Sichtbarkeit kommst, dann stellst du dich deiner Angst. Deiner Angst vor Ablehnung. Deiner Angst vor dem Scheitern. Deiner Angst, nicht gut genug zu sein. Aber du bist gut genug, selbst wenn du scheiterst. Versagen ist der wichtigste Lernstoff, um den Erfolg zu generieren, den du dir wünschst. Anpassen, umdenken, durchhalten.

Erfolgreich sind die Menschen, die immer und immer wieder aufstehen, frustriert sind, kurz meckern, weitermachen. Nach oben hin wird die Luft dünner, weil viele aufgrund des Frusts beim Versagen zu früh aufgeben. Aber das ist unumgänglich. Der Erfolg ist diese eine Sache, die sich nach vielen Anläufen und vielen Momenten des Scheiterns endlich offenbart. Und wenn du deinen ersten großen Erfolg erzielt hast, dann ist jeder weitere Erfolg leichter, denn du weißt, wie es sich anfühlt. Du weißt, wie es jetzt schneller geht. Wie es vielleicht sogar auf Anhieb klappt. So ging es mir zumindest. Seit meinem ersten großen Erfolg ist alles leichter. Aber der erste, der war auch für mich harte, harte Arbeit, weil ich mich durch meine ganze innere Einstellung zu mir selbst durcharbeiten musste. Weil ich mich mit meiner inneren Ablehnung, meinen Selbstzweifeln und, ja, meinem Selbsthass konfrontiert sah. Also geh jetzt raus! Schieb es nicht mehr auf! Probiere! Probiere! Probiere! Und werde dabei zur mutigsten und resilientesten Version deiner selbst. Nach dem fünften Mal macht dir Scheitern nämlich auch keine Angst mehr. Es gehört zum natürlichen Prozess dazu. Ein gutes Mantra für dich, um deine Sorgen etwas zu beruhigen, könnte sein:

»Ich bin grandios in dem, was ich tue. Ich liebe meine Idee, ich habe Freude, sie zu erschaffen, und wenn ich so begeistert davon bin, werde ich auch andere mit dieser Begeisterung anstecken können. Erfolg ist das Ergebnis aus meinem Fleiß und meiner Überzeugung.«

LIEBESBLOCKADE

Du hast in Sachen Liebe bestimmt eine recht genaue Vorstellung davon, was du willst und was du nicht willst, richtig? Also stehst du jetzt so da, hast deine mit etlichen Punkten ausgearbeitete Stichpunktliste,

wie sich dein zukünftiger Partner manifestieren soll. Tadaa. Mal abgesehen davon, dass das schon geht und das Universum durchaus die passende Person ausfindig machen kann, ist mehr, gerade in Bezug auf Liebe und eine künftige, stabile Beziehung, nicht unbedingt mehr. Bedenke, dass du durch diese detaillierte Auflistung, diese genaue Vorstellung im Grunde zwanghaft versuchst, die Kontrolle zu behalten. Und was ist noch weiter von wahrer Liebe entfernt als Obsession und Kontrolle? Na ja, Hass vielleicht. Gut. Aber dennoch ist das kein sonderlich guter Startpunkt.
Vielleicht hast du viele schlechte Erfahrungen gemacht und willst jetzt einfach nichts mehr dem Zufall überlassen. Kann alles sein, sonderlich weit bringen wird es dich nicht. Also hör auf, ewige Listen niederzuschreiben oder dieser Person hinterherzurennen, die einfach keinen Bock auf dich hat. Wird schon seine Gründe haben, glaub mir.

Gib lieber dem Universum den Füller in die Hand, damit es dir die Person schicken kann, die gerade wichtig für dein Wachstum, deine Entwicklung ist.

Es macht keinen Sinn, der Perfektion und dem Disney-Traum hinterherzumanifestieren. Denn der mag zwar kommen, aber das Leben ist fluktuierend und so sind es auch deine Bedürfnisse, Wünsche und Gefühle. Ein Moment, der perfekt ist, ist es in einigen Jahren vielleicht nicht mehr. Hör auf, dich an diesen einen perfekten Menschen festnageln zu wollen. Wir sind so viele wundervolle Seelen auf dieser Welt, sei dankbar für jede, die dich begleitet, und wenn mal eine länger bleibt, ja, vielleicht bis an dein Ende, dann wundervoll. Aber das ist nicht der Maßstab, dem du dein ganzes Leben lang nachjagen solltest. Du musst dich selbst lieben lernen und das große Geschenk der Freiheit in deiner eigenen Gesellschaft erkennen. Du solltest jemanden wollen, nicht brauchen, da du sonst in eine emotionale Abhängigkeit schlitterst. Das hat wenig mit Liebe und mehr mit der puren Befriedigung deiner Bedürfnisse zu tun, weil du sie selbst nicht stillen kannst. Emotionale Abhängigkeit ist keine Liebe. Liebe ist leicht, selbst in der Trauer und im Schmerz warm und wohlwollend. Emotionale Abhängigkeit hingegen ist der toxische Gegenspieler und wird von vielen leider oftmals damit verwechselt.

Ich will jetzt nicht auf dem Satz rumreiten, bevor dich jemand anderes lieben kann, musst du dich erst selbst lieben lernen. Das glaub ich noch nicht mal wirklich. Die Liebe eines anderen kann einem enorm helfen, sich selbst besser kennenzulernen und auch sich selbst mehr wertzuschätzen. Dennoch solltest du, statt ständig irgendwelchen Dritten hinterherzurennen und nach Liebeskörnchen zu betteln, deine eigenen Bedürfnisse stillen können. Das hebt auch deinen Standard und schützt dich davor, dich aus Verzweiflung auf jemanden einzulassen, der dich nur verarscht und ausnutzt oder dir von Anfang an im Grunde nicht guttut. Menschen spüren, wenn man es nötig hat, und entsprechende Leute nutzen es gern aus, solche, die sich von diesen Energien und der bedingungslosen Aufmerksamkeit ernähren und gern in deiner Liebe baden, bis sie eben keinen Bedarf mehr haben und jemand anderes wieder interessanter, frischer, energiegeladener ist als du.

Blockadenbrecher

Verschenk dich nicht. Heb deinen Standard, indem du ihn dir selbst vorlebst. Lade dich selbst auf ein Date ein! Plane die kommenden Wochen regelmäßig einen Tag nur für dich ein. Buch dir eine Massage, melde Urlaub an und suche dir eine schönen Urlaubsort aus. Nur wer allein reisen, etwas unternehmen kann, der erlangt wahre Unabhängigkeit. Such dir ein Hobby, geh deiner Kreativität nach und gewöhn dich an eine

fest integrierte Zeit, die du nur dir, deinen Bedürfnissen, deinen Wünschen und deinem Wohlbefinden widmest. Wenn du lernst, diesen Standard zu erschaffen, dich selbst gut zu behandeln, wirst du dich nie wieder auf ein Niveau herablassen, das dich am Ende nur beschämt zurücklässt. Du hast deinen Wert. Beweis dir das. Sonst sind es nur leere Worte.
Und dann kommt die Person, die deine Kraft matchet, die dein Strahlen sieht, die von dir so eingenommen ist, von ganz allein. Denn Menschen, die sich um ihren Körper, ihre Psyche und ihre Seele kümmern, kann man in ihrem Strahlen nicht übersehen, und das stößt all jenen sauer auf, die es eben nicht tun. Damit trennt sich die Spreu vom Weizen ganz natürlich. Der toxische Mob kann dann gern unter sich bleiben.

SEXBLOCKADE

Sex ist für viele ein sensibles Thema und zu recht intim. Sex ist zugleich schön, körperlich erfüllend und spirituell bewegend, wenn man endlich den Zugang dazu findet. Dennoch kann es sein, dass er aus den verschiedensten Gründen für dich schambehaftet ist und du dich nicht entfalten kannst. Vielleicht hat deine Familie das Ganze immer pikierlich behandelt, sodass du das übernommen hast, oder sie haben dir die Details zu forsch und zu früh erklärt, was dich verstört hat. In der kindlichen Entwicklung kann so einiges einen negativen Abdruck in der späteren Sexualität hinterlassen. Dazu bedarf es nicht mal traumatischer Übergriffe und es muss nicht mal thematisch zusammenhängen. Da kann es sein, dass du als Kind Schimpfe bekommen hast, weil du dich zu überschwänglich gefreut hast und zu laut warst, was darin endete, dass es dir schwerfällt, deine Emotionen zuzulassen, auch was Lust und Begierde betrifft. Immerhin musst du dich dafür fallen lassen. Sex findet im Kopf statt. Orgasmen sind auch ohne physischen Kontakt möglich, so wie sie dir etwa in Träumen passieren können. Und während das Unterdrücken von Emotionen zu Orgasmusschwierigkeiten und Sexblockaden führen kann, ist das genaue Gegenteil ebenso schwierig. Wenn man zu Emotionen gezwungen wird, wie Freude über Geschenke, die man nicht mag, dann kann dies zu einem Dauerzustand werden, künstliche Emotionen zur Befriedigung Dritter schon unterbewusst zu faken. Für Sex auch sehr unpraktisch, oder? Wie du merkst, egal wie, es kann da einiges schiefgelaufen sein. Vielleicht hast du grundsätzlich ein Problem, vielleicht ist es gerade nur eine Phase. Egal wie, setz dich nicht unter Druck. Sei liebevoll zu dir. Ein gutes Mantra, um das zu verinnerlichen, ist:

»Ich bin dir dankbar, lieber Körper, für all die Lasten,
die du trägst. Dass du mich durch den Tag und die Nacht bringst.
Ich will auf dich hören, dich spüren und deine Bedürfnisse zulassen.
Ich bin für dich da, so wie du es für mich bist.«

Stress ist der größte Lust- und Libidokiller überhaupt. Es geht also um ein zärtliches Herantasten an deine eigenen Bedürfnisse. Und vergiss nicht, dass auch Hormone einen großen Einfluss haben. Gerade als Frau kann sich das enorm auf deine Stimmung auswirken, aber auch beim Mann gibt es Hoch- und Tiefphasen. Und das ist okay. Seinen Körper besser verstehen zu lernen, hineinzuhorchen, zuzuhören, was er gerade möchte und was nicht, ist wichtig. Dein Körper ist dein wichtigstes Gut, um an diesem Leben teilnehmen zu dürfen. Er sollte nicht dein Feind sein. Weder wegen seines Aussehens noch wegen seiner Bedürfnisse oder den Ruhephasen, nach denen er verlangt.

Blockadenbrecher

Wann ist es das letzte Mal gewesen, dass du deinen Körper liebevoll berührt hast? Ich meine nicht für den schnellen Orgasmus mal eben masturbiert, sondern dich wirklich zu berühren und das Schöne an dir wahrzunehmen? Hast du das jemals getan? Oft zwängen wir uns in sexy Kleidung, ziehen den Bauch ein, zwicken in unliebsame Speckrollen, schauen genervt in den Spiegel wegen Falten, Dellen, Unreinheiten. Wir beurteilen, ja, verurteilen uns jeden Tag. Vor dem Spiegel. Auf der Waage. Anhand von dem, was wir essen und ob und wie viel Sport wir getrieben haben.
Wie wäre es, wenn du dich einfach mal sanft berührst, sodass du deine Haut spürst, deinen Körper liebkost, ganz zärtlich, sachte. Dass du deinem Körper dankst, dich ihm hingibst. Das muss nicht direkt etwas Erotisches sein, sondern einfach in Liebe, als würdest du einen anderen Menschen, den du abgrundtief liebst, sagen, wie wundervoll du ihn mit jeder Faser seines Seins findest. Es geht darum, dass du einen Grundstein dafür legst, deine Hülle anzunehmen und fernab seiner Ästhetik, seiner Optik und dem, was dich sonst alles so stört, wertschätzen lernst. Dass du dich mal aktiv, positiv mit deinem Körper auseinandersetzt, wie du es sonst ständig im Negativen tust. Dass es eine Routine wird, dass du dich schön fühlst und in deinem Körper aufgehoben.
Von diesem Punkt an kannst du dich entspannt und im eigenen Tempo erforschen. Was will ich? Was gefällt mir? Worauf stehe ich? Was brauche ich? Was will ich wann und mit wem? Es fällt eben schwer, seine Bedürfnisse zu erforschen, wenn das Vertrauen zu dir selbst doch eher schwach ausgeprägt ist. Wenn du irgendwann ganz genau weißt, was du willst, fällt die Kommunikation mit Dritten wesentlich leichter. Aber wenn man es selbst nicht mal weiß, ist das auch für das Gegenüber

viel Verantwortung. Du musst das für dich, gern mit anderen zusammen, herausfinden. Aktiv. Du gibst die Einwilligung, du setzt die Grenzen und respektierst dabei die der anderen ebenso.

KREATIVITÄTSBLOCKADE

Das Problem bei den meisten Künstlern ist, dass sie einen enorm hohen Anspruch an sich haben, gelle? Ja. Du kleiner Perfektionist, du. Dein Werk muss schön sein, aussagekräftig, genau so, wie du es dir vorgestellt hast. Ich weiß schon. Loszulassen ist nicht so dein Ding, wo doch das Erschaffen von Kunst im Außen wie ein so leichter, fast schwereloser Prozess erscheint. Das Problem mit dem Anspruch ist, dass er die Kreativität erstickt. So wie Deadlines. Vorgaben. Zwänge. Kreativität ist die Freiheit des künstlerischen Ausdrucks. Egal ob Gesang, Tanz, Malen, Schnitzen oder andere Erschaffungsprozesse.
Aber Kunst muss scheitern dürfen. Künstler müssen scheitern, müssen schlechte Werke erschaffen, Neues ausprobieren, neue Wege gehen, rumprobieren, ausprobieren, üben. Nur wer sich diese Freiheit gibt, der kann wachsen, über sich hinaus, und Neues, Beachtliches erschaffen. Sich selbst übertreffen, sich selbst überraschen. Aber diese Freiheit kannst nur du dir nehmen. Diese schnelllebige Welt wartet nicht auf dich, darum musst du die Bremse ziehen, in die Hände klatschen und sagen: »So, ich mach eine Pause. Ich probiere das jetzt aus.« Ein gutes Mantra dafür ist:

»Kunst ist die Fähigkeit, Dingen eine Bedeutung zu verleihen, bei dem Betrachter ein Gefühl auszulösen, sich selbst zu verewigen und neu zu erschaffen.«

Tatsächlich ist das eins meiner Mantras, die ich schon seit 2012 nutze. Es ist also allein durch mich schon mit massig positiver Energie aufgeladen. Denn bevor ich irgendwas anderes bin, bin ich vor allem Künstlerin. Mit Leib und Seele. Und in einer Welt, in der wir mittlerweile jeden noch so kleinen Prozess maximieren, kommerzialisieren und in Massen produzieren, ist es wichtig, sich an das Künstlerische zu erinnern. Denn Künstler erschaffen zeitlose Werke oder Werke auf Zeit. Ein Tanz kann nur gesehen, ein Song nur gehört und ein Gemälde im Sand nur kurz betrachtet werden. In dieser industrialisierten Gesellschaft, wo Geld zum Nonplusultra erhoben wird, vergisst man als Künstler, dass es eben nicht um den schnellsten, am besten optimierten Prozess geht, sondern den Weg zum Werk, der den inneren Ausdruck überhaupt erst ermöglicht. Das Ergebnis ist oftmals das Nebenprodukt der künstlerischen Seele, die sich zu manifestieren versucht. Macht man sein Hobby zum Beruf, kann man das gelegentlich schon mal aus den Augen verlieren und es ist gut, sich darauf zu besinnen, wieso man den künstlerischen Ausdruck überhaupt erst lieben gelernt hat. Was war einst die Kernessenz?

Blockadenbrecher

Du hast also grad voll die Blockade? Kein Ding. Nimm die Materialien, mit denen du immer arbeitest, und mach das hässlichste Werk, das du je erschaffen hast. Den schiefsten Song, die schlechtesten Lyrics, den unrhythmischsten Tanz, das chaotischste Bild, verschroben, verzerrt, keinen Ansprüchen genügend. Lebe das innere Chaos. Die Schönheit will nicht gelingen, also scheiß drauf. Mach was. Irgendwas. Lebe den Prozess, erinner dein Innerstes daran, wieso du dich überhaupt dafür begeistert hast. Scheiter. Scheiter. Scheiter. Finde Schönheit darin. Es geht um das Gefühl im Hier und Jetzt. Mach nichts, was irgendwas erreichen musst. Steh jetzt auf

und kreiere dieses obskure Werk, das du sonst nie erschaffen würdest. Es wird eine skurrile Erinnerung auf dem Weg deiner künstlerischen Ergüsse sein. Aktiviere die kreative Energie, fühle die Freiheit des Unperfekten.
Löse die Last, die Schwere und dann schau auf dein Werk. Wertschätze es. Lobe es für die Aspekte, denen du etwas abgewinnen kannst. So, als hätte dir ein kleines Kind, das dir wichtig ist, ein Bild gemalt. Hässlich. Schief. Schräg. Aber voller Liebe zu deiner Person. Du bist dieses Kind. Wertschätze den Prozess, die Absicht, die Leidenschaft. Es geht nicht um das Ergebnis, ging es nie. Erinner dich in deinen Tiefen daran, dass du Kunst nicht begonnen hast, um berühmt und reich zu werden, sondern um dich auszudrücken, um Freiheit zu finden, um deiner Seele Ausdruck zu verleihen. Du bist Künstlerin.

TIPP FÜR ALLE BLOCKADEN

Ein allgemeiner Tipp zu dieser Thematik: Völlig egal, auf welches Thema bezogen, bei großen Blockaden solltest du deine Manifestation in kleine Häppchen splitten. Du willst also die Liebe deines Lebens finden, aber es klappt nicht? Du willst die Million in deinem Leben verdienen? Okay. Das sind große Ziele, die dir innerlich Angst machen können, weil sie so weit von deiner bisherigen Erlebnisrealität entfernt sind, dass du sie dir einfach nicht als real vorstellen kannst. Es ist schwierig, sich etwas authentisch mit allen Sinnen zu imaginieren, was du noch nicht annähernd selbst erfahren hast. Also nähere dich dem an! Manifestiere erst mal, wieder knallig-bunt verliebt zu sein, mit schönen Schmetterlingen. Manifestiere ein aufregendes Date, manifestiere befriedigenden Sex, manifestiere eine tiefe spirituelle Begegnung. Peu à peu näherst du dich dem ultimativen Zustand an und wirst immer sicherer, denn durch deine Erfahrungsrealität löst sich die innere Ablehnung, die Angst vor dem Unbekannten, die dich paradoxerweise wie ein Widerstand von dem abhält, was du eigentlich willst.

Natürlich magst du dich da fragen: Wieso sabotiere ich mich selbst? Deine Psyche, deine inneren Mechanismen wollen dich immer nur beschützen. Die meinen das nicht böse. Aber je mehr Unsicherheit du in der Kindheit erlebt hast, desto größer sind deine inneren Ängste. Desto größer ist deine Vorsicht und dein inneres Kind will ganz langsam an deine neue Realität rangeführt werden. Es kann den starken Umschwung im Vergleich zu damals eben noch nicht ganz nachvollziehen. Sei etwas nachsichtig mit ihm, mit dir! Der innere Kampf dieser Aspekte in dir wird ruhiger, er wird durch deine neuen Erfahrungen besänftigt. Zudem wird die Realität, die du erleben willst, für deinen Verstand wie auch für dein körperliches Erleben immer greifbarer. Und somit wird es immer leichter, die kleinen Stufen zum großen Ziel hinaufzuklettern.

WICHTIGE ANMERKUNG ZUR RAINBOW METHOD

Das Gute an der Rainbow Method ist, dass sie deine Blockaden aufgrund des starken emotionalen Impulses einfach überspringen kann. Das heißt, deine Manifestationen können trotz der inneren Ablehnung erfolgreich abgeschossen werden, da die Intensität der Emotion im Moment der Fokussierung um einiges stärker ist als die inneren Mauern, die den Impuls sonst davon abhalten, aus deinem System hinaus ins Universum geschossen zu werden.

Entsprechend funktioniert die Rainbow Method auch ganz entgegen dem Gesetz der Anziehung. Es knockt dieses Gesetz einfach mit einem Kinnhaken aus. Zwar nur für einen kurzen Moment, aber dennoch lang genug, um den Schuss zu setzen. Und wenn der erst mal im Echo des Universums angekommen ist, gibt's kein Zurück. Dann wirkt er. Dennoch ist es auf lange Sicht und für deine allgemeine Zufriedenheit sinnvoll, an Blockaden, Ängsten und psychischen Wehwehchen grundsätzlich zu arbeiten. Deine Lebensfreude wird es dir danken, denn dann hat sie mehr Platz, der momentan eventuell noch von Traumata und indoktrinierten Fremdgedanken besetzt ist.

DIE WIRKLICH LETZTEN TIPPS VORM GROSSEN DATE

Bis hierhin war es enorm viel Input. Viele Methoden, viele Übungen, super viel anwendbares Wissen. Mein höchstes Ziel ist, dass du maximal viel mitnimmst. Deswegen gibt es noch einige Sachen, die ich dir abschließend für den Feinschliff mit auf deinen neuen Lebensweg geben will …

SCHUTZ VOR FREMDMANIFESTATION

Du kannst dich zwar grundsätzlich und allgemein mit einer recht einfachen Übung vor Fremdmanifestationen schützen, aber manchmal ist das Kind ja schon in den Brunnen gefallen. Deswegen solltest du gerade, wenn es um manipulative Manifestation geht, die direkt auf dich abzielt, wie das Erzwingen deiner Liebe und Zuneigung, wissen, was die Anzeichen dafür sein können:
Wenn es um jemanden geht, der in deinem Leben schon einen Fuß in der Tür hat, dann merkst du vielleicht kleine Veränderungen in seinem Verhalten, aber merkwürdigerweise auch in deinem eigenen.

Du denkst plötzlich an diese Person, verhältst dich offener, und das, obwohl du bisher eigentlich so gar kein Interesse an ihr hattest.
Wenn es um jemanden geht, mit dem die Beziehung beendet wurde, denkst du zwanghaft an diese Person, obwohl du weißt, dass es nicht passt und dir eigentlich nicht guttut. Du kannst aus einem unerfindlichen Grund nicht loslassen. Die Person taucht plötzlich auf, in Apps, Chats, sozialen Medien, begegnet dir zufällig und alte Erinnerungen verfolgen dich in deinen Träumen.
Wenn es um jemanden geht, denn du bisher noch nicht kennengelernt hast, wird es am schwierigsten, weil die Anzeichen sehr vage sind. Da werden oft omenhafte Zeichen, die sich tarnen, als Lockmittel verwendet, wie die bekannten Engelzahlen, lebhafte Träume von einem bisher Unbekannten oder Synchronitäten, die beim ersten Kennenlernen dieser Person plötzlich auftreten.
Das alles ist natürlich letztendlich von den wahren, positiven Eingebungen, Zeichen und deiner Intuition schwer zu unterscheiden. Da hilft nur Übung, um ein besseres Gefühl für sich zu bekommen. Ansonsten können Energiearbeiter immer recht gut Rat geben, weil sie neutral auf die Energien schauen. Sie sind im Gegensatz zu dir nicht so in den energetischen Spinnenfäden verstrickt und können das Ganze noch nüchtern von außen betrachten und mal reinfühlen. So weit soll es aber gar nicht erst kommen, deswegen hier eine wirksame Übung, die das Ganze direkt im Keim erstickt.

Fremdenergien

Stell dich in den Raum, schließ die Augen und beginne bei deinem obersten Chakra. Du hast ja hier im Buch eine Übersicht. Berühre dabei deine Kopfhaut, tippe sie an, nimm drei tiefe Atemzüge und so gehst du jedes Energiezentrum durch. Damit aktivierst du es, weckst es etwas auf, um gleich die Energien zu zentrieren und dann zu kanalisieren. Das erste Chakra

in dieser Reihenfolge sitzt am Scheitel, das zweite zwischen den Augen, das dritte in der Kehle, das vierte im Herzen, das fünfte im Solarplexus, das sechste im Unterbauch, das siebte im Genitalbereich.
Nachdem du alle Energiezentren geweckt hast, reibst du beide Hände aneinander, bis du ein leichtes Kribbeln spürst. Lass die Energien in deine Hände fließen und zieh die Handflächen so weit auseinander, wie du das Kribbeln oder die Wärme noch spüren kannst. Dann lass deine Hände um dich herum wandern und stell dir vor, wie du die Energie als eine weiße Nebelschwade um dich herum verteilst. Als würdest du deine Aura, deine natürliche Energie, die von deinem physischen Körper ausgeht, in eine Eierschale hüllen. Nur stabiler. Genau das machst du jetzt gerade!
Sprich dabei die Worte: »Ich bin geschützt. Ich schütze mich vor Fremdenergien, vor Energiesaugern und vor den energetischen Einflüssen von Dritten.«
Ich würde dir aber raten, innerlich dennoch einen kleinen Kanal offen zu lassen, um Manifestation durchzulassen, die gewinnbringend oder lehrreich für dich sind. Das kannst du ergänzen mit den Worten: »Dennoch bleibe ich offen für neue Möglichkeiten und die Wege des Universums. Es wird mich leiten und lehren.«

Es ist eben nun mal auch möglich und manchmal nötig, dass du die Schachfigur auf dem Brett eines anderen bist. Denn viele andere sind es auch für dich. So funktioniert der Ausgleich. Du kannst außerdem nicht erwarten, dich vor manipulativen Manifestationen anderer schützen zu können, wenn du selbst die Tür dazu aufstößt. Wenn der Gang offen ist, ist er immer in beide Richtungen geöffnet. Frei nach dem Motto: Ganz oder gar nicht.

Wenn du jetzt aber grad merkst: »Oje, ich hab mir Person X ganz gezielt in mein Leben manipuliert! Was mach ich jetzt nur? Ich will ja nicht selbst zur Marionette werden!«, dann kann ich dich beruhigen: Du kannst alte Manifestationen lösen. Wenn du dich von Altlasten befreist, dann kannst du deine Kanäle wieder schützen. Jedoch kann es sein, dass sich die Beziehung dann drastisch verändert. Solltest du schon mal jemanden gezielt manifestiert haben, aber es hat nicht geklappt, wäre es dennoch ratsam, den ausgeworfenen Haken, der im anderen steckt (gegen den er sich nur glücklicherweise wehren konnte), wieder einzuziehen. Es kann vorkommen, dass dein Leben plötzlich einen Auftrieb erhält. Denn wer sich energetisch überall in Leute verhakt, um sie an sich zu binden, der wirft auch Anker aus, die ihn runterziehen. Du tust also nicht nur der Person, sondern auch dir was Gutes, wenn du den ganzen Rotz mal loslöst.

ALTE MANIFESTATIONEN LÖSEN

Es ist von Zeit zu Zeit ratsam, mal wieder gegenzuchecken, ob deine alten Manifestationen noch deinen aktuellen Vorstellungen entsprechen. Oft gehen wir Wege weiter, weil wir sie angefangen haben. Wir studieren das Jahr noch zu Ende, obwohl wir es hassen und wissen, dass wir damit nichts machen werden. Wieso? Weil uns die Angst, etwas zu verpassen, antreibt. Die Scham, dass alles, was wir erreicht haben, umsonst wäre. Aber lass mich dir eins sagen: Das ist der häufigste, aber schlechteste Grund, an etwas festzuhalten. Es hält dich nur auf, das zu finden, was du wirklich machen willst, worin du wirklich aufgehst. Es verschiebt das Glück, weil wir uns blöderweise kollektiv entschieden haben, dass man sich dann eben so durchquält. Aber selbst wenn du etwas kurz vorm Abschluss abbrichst und es keiner nachvollziehen kann, hat dir der Weg dahin eine wichtige Sache klargemacht: Das ist nicht, wie du dir dein Leben vorstellt. Und das ist okay! Quäl dich bitte niemals wegen gesellschaftlicher Konventionen. Ich weiß, es ist schwer. Aber du wirst so viel Zeit und Energie einsparen, die du stattdessen dann für wirklich grandiose Sachen nutzen kannst!

Und so ist es eben auch mit Manifestationen.
Lass sie los, wenn sie dir nicht mehr entsprechen,
und löse sie auf.

Manche halten sich hartnäckig und können dein Leben lenken, obwohl sie noch nicht ganz eingetroffen sind, einfach weil sie so groß waren und länger brauchen. Wenn du sie nicht mehr willst, wäre es gut, den Kurs zu ändern. Wieso Treibstoff verschwenden? Hier kommen einige Varianten, die du nach Gusto wählen und kombinieren kannst. Zunächst der Subliminal Flush, der spült alte Manifestationen aus deinem System und setzt es auf »neutral« zurück.

Subliminal Flush

Stell dir innerlich einen sicheren Ort vor, in den du dich in Gedanken zurückziehst, und visualisiere dort, wie du eine alte Manifestation auflöst. Die Bilder, die du erschaffen hast, um sie eintreten zu lassen, löst du nun in einzelne Partikel auf und gibst die darin gebündelte Energie ab, hinaus zu Mutter Erde. Wenn du dich dabei auch noch erdest, also mit Wiese, Boden, Lehm unter deinem Körper verbindest, geht es in der Regel noch etwas flotter, denn Mütterchen Natur hilft mit.
Wenn du es lieber etwas handfester magst, schreib deine Manifestation möglichst detailliert auf. Das bietet sich vor allem

> dann an, wenn du auch eine schriftliche Form wie die 369-Tesla-Methode genutzt hast. Manifestationen lassen sich am besten mit dem Medium lösen, mit dem sie entstanden sind. War es also zum Beispiel eine bestimmte Emotion, provoziere diese und löse dich innerlich dabei von deiner alten Manifestation. Bei einem Stück Papier bietet es sich an, es zu verbrennen und zu beobachten, wie es in Einzelteile verfällt und in Asche übergeht.

Wie du siehst, ist es keine hohe Kunst, eine Manifestation wieder zu lösen. Du kannst dir das Ganze energetisch wie etwas Gehäkeltes vorstellen. Du hast den Anfangspunkt geliefert und das Universum webt Stück für Stück mit deiner Energie und der Energie von allem um dich herum weiter, bis es am Endpunkt ankommt. Wenn du jetzt in den Anfang hineinschneidest und am Faden ziehst, dröselt sich alles wieder auf, bis die Energie wieder in losen Fäden daliegt und für andere energetische Netze genutzt werden kann.

WICHTIGE FRAGEN

Wie du merkst, haben alle Manifestationen, die auf dem immer gleichen Gesetz basieren, sehr strenge Rahmenbedingungen, die für einige Menschen vielleicht schwierig umzusetzen sind. Meine Sorge ist, dass es genau diese Menschen eher noch unglücklicher zurücklässt. Mit dem Gedanken, sie seien selbst schuld, nicht gut genug, dass sie ja sowieso nichts hinbekommen würden und sie ein hoffnungsloser Fall seien. So habe ich mich sehr lange gefühlt. Darum möchte ich eine Fürsprecherin sein für alle, die sich anders fühlen, ausgeschlossen, die Underdogs, die sonst alle ignorieren, weil sie zu kompliziert, zu komplex, ihre zu Bedürfnisse zu besonders sind. Das würde ja Mehrarbeit machen. Und Mehrarbeit ist halt nicht sonderlich attraktiv und lukrativ.

Mein Schlusswort, das hier gleich noch folgt, richtet sich auch an diese Menschen. An diese Zielgruppe, die nur den Bodensatz ausmacht und nicht die große Masse. Die große Masse ist mir nicht wichtig, denn für sie gibt es unendlich viele Bücher. Die Leute dort haben ein Meer an Möglichkeiten, aus denen sie wählen können. Aber ich bin der Bodensatz, der Underdog, die Ausgegrenzte, die sich so ein Buch gewünscht hätte. Es geht nicht um die schiere Menge, am Ende des Tages geht es darum, jedem Einzelnen zu helfen, auch der kleinen Menge, die sonst übergangen wird.

Darum lass mich hier Dinge aus meiner persönlichen Erfahrung ergänzen, die sich im Austausch mit anderen Underdogs sehr wohl bestätigt haben. Denn wir haben eben eine andere Frequenz und die Regeln der großen Masse gelten nicht für uns. Mach dich nicht kaputt, in ein System passen zu müssen, das nie für dich ausgelegt war. Ich werde jetzt also einige Fragen beantworten und Gedanken äußern, die den im Buch vorgestellten Methoden widersprechen könnten – außer meiner Rainbow Method. Fühle einfach für dich hinein, was deine Wahrheit ist. Probiere vieles aus und finde heraus, was für dich funktioniert. Das ist das Wichtigste. In diesem Buch hast du viele verschiedene Möglichkeiten kennengelernt und es steht dir frei zu nutzen, was dir guttut.

Was ist, wenn ich etwas falsch mache?

Mit psychischem Druck läuft's auch beim größten Macho einfach nicht. Die Standhaftigkeit lässt nach und deswegen wollen wir diesen Flopp komplett vermeiden. Je mehr Druck du auf dich ausübst, desto schwieriger wird die Umsetzung, weil die Blockaden kicken. Ich muss, ich muss, ich muss. Wie wäre es eher mit: Ich kann, ich darf, ich möchte, ich wünsche, ich glaube, ich denke …? Du weißt schon, was gemeint ist. All deine Visionen sind Möglichkeiten, die sich jederzeit ändern dürfen, und Zweifel, Sorgen und Ängste gehören nun mal zur menschlichen Erfahrung dazu. Gäbe es all diese negativen Emotionen nicht, hätten die positiven keinen Namen, weil es nichts anderes gäbe. Da wäre keine Wertschätzung, keine Dankbarkeit. Denn Angst kommt immer von der Sorge um einen möglichen Verlust. Davon, dass man etwas nicht mehr haben könnte, was man so sehr genießt. Diese Empfindungen bedingen sich. Eine sehr wichtige Randnotiz sollte also sein:

Mach dich nicht verrückt, wenn du negative Gedanken, Emotionen oder Blockaden hast oder gar mal versehentlich das Wort »nicht« verwendest. Du weißt, was gemeint ist, deine energetische Frequenz weiß es und ich bin mir sicher, das Universum weiß es auch.

Natürlich solltest du vorteilhafterweise immer in einem Mengen-Mindset statt Mangel-Mindset denken. Also dich auf das konzentrieren, was du willst, und nicht auf das, was du nicht willst. Dennoch kann dieses Nichtwollen ebenso helfen, zu verstehen, was deine wahren Ziele im Leben sind. Manchmal wissen wir das nämlich gar nicht. Wir sammeln unsere Erfahrungen und durch das Ausprobieren stellen wir oft fest, dass manche Dinge doch nichts für uns sind. All das sind auch wichtige Erfahrungen, die es zu machen gilt.

Darf ich manifestieren, wenn ich psychische Probleme habe?

Wenn du psychische oder körperliche Erkrankungen hast, muss dich das nicht davon abhalten, ein besseres Leben führen zu können. Du musst nur deinen Workaround finden. Also ja, auch du darfst manifestieren!

Wieso haben meine Manifestationen Grenzen?

Das Universum gibt den Rahmen vor, in dem wir alle existieren. Je weiter das Ziel von der eigenen Realität entfernt ist, desto weniger können wir glauben, wirklich auf der anderen Seite anzukommen. Wir haben eine innere Ablehnung. Unbekanntes macht ja auch Angst. Und wie du gelernt hast, geben deine Emotionen bestimmte Qualitäten vor, die sich unterschiedlich optimal nutzen lassen.

Ich will die absolute Manipulation! Warum klappt das nicht?

Ich muss dich leider enttäuschen, die absolute Manipulation deiner Realität wie in den coolen Sci-Fi-Filmen wird leider nicht möglich sein. Denn jedes andere Individuum auf diesem Planeten hat auch ein Wörtchen mitzureden. Du magst zwar die Göttin deiner eigenen Realität sein, aber jedes andere Lebewesen spielt mit hinein und wir alle haben nun mal die Schnittmenge unserer gemeinsamen Realität. Du kannst also nicht jeden und alles 24/7 kontrollieren. Zumindest nicht, ohne komplett den Verstand zu verlieren. Das geht dann doch über unsere durch den physischen Körper beschränkten Fähigkeiten hinaus. Wenn sich jedoch viele Menschen auf ein Ziel, eine Sache oder ein Phantom konzentrieren, kann es erschaffen werden. Viele Energien können eben eine kollektive Manifestation bewirken. Wo viele Energien zusammenkommen, kann auch viel passieren. Allein wirst du nicht die Herrscherin des Universums! Glücklicherweise.

Wieso passieren mir schlechte Dinge?

Ich könnte jetzt hier etwas von Schicksal und karmischen Prüfungen schreiben, aber ehrlich gesagt sehe ich das Ganze im Kontext der Energien und somit auch der Manifestation etwas pragmatischer. Wie schon erwähnt teilen wir uns mit jedem anderen Individuum diese Schnittmenge der Realität. Das heißt, du kannst zwar alles energetisch beeinflussen, dich, dein Drumherum, deine Mitmenschen,

alle möglichen Dinge, aber eben nur bis zu einem gewissen Grad und für einen gewissen Zeitraum.
Eine Manifestation ist ein Impuls, der durch das Universum zischt und etwas ins Rollen bringt. Wie und wann und durch wen, ist dabei selten klar. Denn die Resonanz, die erfolgt, bahnt sich ihren Weg des geringsten Widerstandes. Und da du nicht unendlich viel Energie hast, ist es auch sinnvoll, diesen Weg des geringsten Widerstandes für dich zu nutzen. Der Nachteil ist eben, dass wir unsere Mitmenschen und unser Leben nicht immerzu kontrollieren können. Wir können nicht 24/7 bestimmen, wem wir begegnen. Und da kommen wir zu der Tatsache, dass es eben auch schlechte Menschen mit schlechtem Gedankengut und schlechten Verhaltensweisen gibt. Die Art von Menschen, die, statt ihre Probleme aufzuarbeiten und sich ihren Ängsten zu stellen, teilweise sehr krude Wege gefunden haben, vor ihrer Dunkelheit davonzurennen, oder die es geradezu sadistisch genießen, sie auszuleben. Dann entstehen Traumata, Schmerz, Leid, Verletzungen, Tote. Aber auch diese Menschen existieren mit ihrer energetischen Frequenz und du kannst versuchen, auf dein Bauchgefühl zu hören und Grenzen zu setzen, um ihnen, so gut es geht, aus dem Weg zu gehen. Dennoch, und das ist eben leider auch Teil der vielen verschiedenen Energien, die aufeinanderprallen, kann es dir passieren, dass du auf so einen Menschen triffst und er dir Schaden zufügt, und das ist absolut nicht deine Schuld. Wiederum kann es aber auch hier und da sein, dass du die manifestierte Lehraufgabe eines anderen Menschen bist. Es dreht sich zwar in deinem Kosmos alles nur um dich, aber im großen Ganzen eben auch um alle anderen. Und die müssen ihre Lektionen im Leben erfahren und so manches Mal, ob man das nun möchte oder nicht, ist man dann eben doch nur die Schachfigur auf dem Brett eines anderen. Aber das ist okay, anders wäre es für dich auch nicht möglich, deine Ziele zu erreichen. Auch du brauchst die anderen hin und wieder als deine Schachfiguren, um zum Zug zu kommen.

Abschlussworte für alle, die ein bisschen anders sind

AUCH DU KANNST DAS LEBEN FÜHREN, DAS DU WILLST

Diese Worte stammen aus meinem Herzen und wollen zu deinem Herzen. Zu dir als einem der Menschen, die im psychologischen Kontext bestimmte Diagnosen bekommen haben. Diagnose, allein der Begriff ist für viele ein rotes Tuch. Er bedeutet Kranksein. Und krank sein will keiner wirklich. Aber eine Diagnose kann dir helfen, dich endlich verstanden zu fühlen und den Symptomen, die dich schon so lange quälen, eine greifbare Form zu geben, weil du sie beim Namen nennen kannst. Allein das habe ich am Anfang meiner Reise der Heilung schon als angenehm und entlastend empfunden. Du denkst nicht mehr, verrückt zu sein, dir das alles nur einzubilden oder – wie sagen es manche so schön? – »nur Aufmerksamkeit haben zu wollen«. Ebenso hast du auch die Möglichkeit, Gleichgesinnte zu finden. Oder sollte ich besser sagen: Gleichleidende. Diese Menschen haben ein tiefes Verständnis für dich, das anderen fast unmöglich ist. Du wirst gesehen, in allen Teilen, auch den finsteren, die du immer zu verstecken versuchst. Offene Gespräche mit Menschen, die wissen, verstehen, ja, wirklich fühlen, was in dir vorgeht, geben dir eine Art von Komfort, der selten ist in unserer Welt. Mit einer Diagnose kannst du eine Behandlung starten, die zur Heilung oder zumindest zur enormen Verbesserung durch einen bewussteren Umgang mit dem, was los ist, führt.

Diese Seiten hier richten sich explizit an Betroffene bestimmter Diagnosen oder Anfälligkeiten. Nicht, um sich selbst zu diagnostizieren – bei den Göttern, darauf ist dieses Buch nicht ausgelegt. Und ich will auch nicht alle Symptome abklappern. Ganz im Gegenteil möchte ich auf die positiven Aspekte eingehen, denn immerzu wird sich bei einer Diagnose auf das Schlechte, das Einschränkende, das zu Therapierende konzentriert. Und das hat auch seine Berechtigung, um zu heilen, um sich anzupassen, wo es wichtig ist, oder um sich ein Leben aufzubauen, das sich nicht mehr so stark belastet anfühlt. Aber aus energetischer Sicht möchte ich hier mal die positiven Aspekte aufzeigen, die du für dich nutzen kannst, die du als Stärke sehen darfst und derer du dich – trotz aller Schwere deiner Diagnose oder deiner Themen – im positiven Sinne bedienen darfst.

Es ist nicht alles schlecht. Auch wenn es sich manchmal so anfühlen mag, aber Gefühle lügen, verdrehen oft die Tatsachen und wir interpretieren sie falsch.

Vor allem dann, wenn sie wie ein Zug über uns drüberrollen, unkontrolliert, unkoordiniert, unkanalisiert. Aber alles hat mindestens zwei Seiten und hier möchte ich mich auf jene konzentrieren, denen vielleicht nicht so oft Beachtung geschenkt wird. Nimm mit, was dich anspricht, und lass liegen, was dich nicht berührt. Auch wenn ich nicht alle Diagnosen, die es aktuell gibt, aufzählen kann, so hoffe ich, dass bei den Tipps und Anmerkungen dennoch für jeden etwas dabei ist, was er als Bestärkung, als bereichernden Gedanken oder Impuls mitnehmen kann.

All die hier gleich aufgeführten Tipps dienen dennoch als Ergänzung und niemals als Ersatz für professionelle therapeutische Unterstützung. Diese habe ich selbst in Anspruch genommen und in Verbindung mit Achtsamkeit, Energiearbeit und Hexerei meine eigene Erfolgsgeschichte geschrieben. Es hat mich sehr viel Zeit, Tränen, Zweifel und – ich bin ehrlich – ziemlich bockige Momente gekostet, zu heilen, mich zu akzeptieren und das Beste aus meinem Leben zu machen, von dem ich zu Beginn meiner Reise niemals geglaubt hätte, dass es für mich überhaupt möglich wäre. Aber das war es und das ist es. Und ich bin mir sicher: Ich bin kein besonderer Fall. Nein. Ich bin so wie du. Du kannst dein Leben auch verbessern und weiter wachsen, als du es vielleicht jetzt gerade glaubst. Du wirst dir selbst das Wunder sein, nach dem du suchst.

Komplexe Probleme brauchen komplexe Lösungen. Daher gebe ich dir keine falschen Versprechungen von Wunderheilungen über Nacht. Komplexe Dinge existieren in mehreren Schichten, auf mehreren Ebenen und werden durch viele Parameter beeinflusst. Ich hoffe dennoch, dieses Buch kann dir einer der hilfreichen Bausteine sein, die du auf deinem Weg brauchst.

DAS LEID DER DEPRESSION

Wie bei allen Erkrankungen ist auch die Depression ein Spektrum, das von leichten Verstimmungen hin zu schweren, alles verdüsternden und alles verändernden Empfindungen reicht. Die absolute Agonie, der umfassende Schmerz des gesamten Seins ist vielen Menschen mit schwereren Depressionen bekannt. Ja, selbst ohne Depression dürfte es vielen ein Begriff sein oder etwas, das sie im Laufe ihres Lebens kurzfristig mal ereilt hat. Die Last des Lebens. Wenn die eigene Existenz nur noch eine schale Hülle zu sein scheint, eine leere Phrase, und man verzweifelt daliegt und nicht mehr weiß, wie man dem entkommen soll. Kraftlos, müde, überdrüssig. Am Boden liegend und sich windend, alles scheint sinnlos zu sein. Die düstersten

aller Gedanken haben Einzug gehalten, die Bereitschaft, alles zu tun, um diese Agonie zu beenden, ja, sogar den letzten Schritt zu gehen, wenn es sein muss, nur um Ruhe zu haben. Nur um sich selbst zu entkommen, dem Gefängnis, das die eigene Psyche nunmehr darstellt. Ich kenne diesen Punkt. Den Nullpunkt. Wo der leichteste Windstoß entscheiden kann, ob du dich in die Schlucht hinabstürzt oder es noch weiter aushältst, mit dem letzten Strunk Hoffnung, an den du dich klammerst. Du willst nicht sterben, nein, du willst nur, dass es aufhört. Dass es aufhört wehzutun. Ich war da. So viele Male, weil ich dachte, das Leben würde nichts für mich bereithalten außer Verachtung. Ich dachte, das Universum hätte es auf mich abgesehen, würde es mir besonders schwer machen, ja, dass es eine perverse Lust daran empfand, mich genau dazu zu bringen: aufzugeben in der finalsten aller Formen.
Wenn du dich je so gefühlt hast, wenn du dich so fühlst, dann glaub mir: Ich sehe dich. Ich sehe dich. Es ist das Gefühl extremster Einsamkeit – und dennoch, auch wenn du es vielleicht nicht spürst, wenn du es kaum glauben kannst, du bist nicht allein.

ES GIBT HILFE FÜR DICH

»Es ist feige, sich umzubringen« sagen Menschen, die diese Welt nicht kennen. Diese inneren Dämonen, die so laut und alles einnehmend sind, dass sie alles Glück, jeden schönen Gedanken und das letzte bisschen Halt ersticken. So verzweifelt zu sein, so sehr im Schmerz, dass man diese Option für eine Lösung hält, ist eine der grausamsten Erfahrungen, die ich am eigenen Leib machen musste. Daran ist nichts feige, nein. Doch wenn die Angst vor dem Tod, vor dem Sterben kleiner ist als die Angst vor dem Leben, dann ist ein Stadium erreicht, in dem du Hilfe brauchst. Professionelle, therapeutische Hilfe. Daran ist nichts verwerflich. Die Stärke aufzubringen, sich einzugestehen, dass man allein nicht weiterkommt, und nach Hilfe zu greifen, ist mutig. Es ist in Anbetracht der Tatsache, wie schwach du dich fühlst, geradezu eine heldenhafte Geste dir selbst gegenüber. Es gibt da draußen so viele verschiedene Therapieansätze, Methoden, Therapeuten und Psychiater, dass du das Richtige für dich finden musst. Ich rede immer davon, dass jeder einen anderen energetischen Fingerabdruck hat, dass jeder anders Magie wirkt, anders meditiert, so, wie es zu ihm passt. Und so gilt das auch für deine Psyche. Finde die passende Person, das passende System, die passende Therapieform und, wenn es hilft, auch die passende Medikation. Solange du nicht alles ausprobiert hast, solange du nicht mit allem gescheitert bist, gibt es Hoffnung. Nein, ich sage nicht, sie kommt über Nacht. Ich sage nicht, dass du den heiligen Gral findest, und von einem Tag auf den anderen ist alles wieder gut. Wäre das nicht auch obszön? Nachdem du so lange gelitten hast – wenn die Lösung ein Handschlag wäre, würdest du dir nicht verarscht vorkommen? Also ehrlich gesagt, ich schon.

Besserung ist ein Prozess, sie kommt Stück für Stück. Hier und da gibt es große Erweckungsmomente, ja, ganze Schübe, die dich nach vorn katapultieren, aber es ist dennoch ein Prozess. Und jeder Erfolg, jeder Lichtblick wird dich so sehr erfreuen, denn du, ja, du allein hast ihn dir erarbeitet! Also gib nicht auf! Es gibt noch so viel zu entdecken. Und das sage ich nicht nur einfach so, sondern es kommt aus meinem Herzen. Als Mensch, der viele Jahre, ja, seine ganze Jugend, dieses Leben, was er hatte, nicht führen wollte, bin ich mittlerweile genau das Kontrastprogramm. Früher wusste ich nicht, was es bedeutet, vom Herzen her glücklich zu sein, ich kannte nur die Agonie, den Schmerz, die Ablehnung, das Gefühl des Verlorenseins in einer Welt, die zu laut schreit und deren Anforderungen ich nicht erfülle, weil mein Geist, meine Seele, ja, mein Verstand in einem anderen Takt tickt. Ich dachte immer, das wäre alles. Das wäre alles vom Leben. Und wenn das alles ist, dann war das zumindest für mich nicht sonderlich lebenswert. Ich verstand die Euphorie der Menschen nicht. Was war so toll daran, hier zu sein? Aber als ich die ersten Erfolge erzielte, durch Therapie, durch Achtsamkeit, durch energetisches und magisches Arbeiten, da hatte ich die ersten großen erfüllten Momente. Und irgendwann hatte ich Spaß am Leben, ich war wirklich glücklich. Ich lernte, was das bedeutet, was diese Begrifflichkeiten wirklich bezeichnen, und dann verinnerlichte ich sie. Sie waren der Dünger meiner Hoffnung und gebaren große Halme, an die ich mich klammern konnte, wenn die Wolke der Verdammnis wieder mal über mir den Himmel verdunkelte. Ich wusste nun, ich muss nur abwarten, egal wie schlimm der Sturm tobt, egal was er mir sagt, ich musste abwarten, aushalten, es einfach durchstehen und die Sonne würde wiederkehren. Denn nun wusste ich, wie sie aussah, wie sie sich anfühlte. Ich rannte nicht mehr einem abstrakten Konzept hinterher, von dem mir andere nur erzählten, ich hatte sie erlebt. Und das war die ultimative Kraft.

Das Strahlen in mir war erweckt
und selbst in den dunkelsten Zeiten konnte ich mich darauf
besinnen – und ich besinne mich immer noch darauf.

Aber ich habe sehr lange gebraucht, um dieses Strahlen unter dem ganzen Dreck, dem Ballast, dem Schutt der Geschehnisse freizulegen. Und dieses Strahlen hat jeder, absolut jeder. Auch du. Auch du hast Heilung verdient und du kannst sie erlangen, um das Leben zu genießen. Wenn du diesen Weg gehst, den Weg der Heilung, dann wirst du mit jedem Schatten, den du beiseitewischst, merken, wie strahlend schön dein Innerstes ist und wie schön das Leben sein kann, weil es so viele verrückte Momente für dich bereithält, über die du vom Herzen her lachen kannst. Du wirst das schaffen.

Heilung findet immer auf allen drei Ebenen statt – Körper, Geist und Seele – und meines Erachtens sollte keine von ihnen ausgelassen werden. Da spreche ich einfach aus meiner persönlichen Erfahrung und ich glaube, dass meine Erfolgsgeschichte genau deshalb eine geworden ist. Vom dunkelsten Punkt zum hellsten Stern. Wir haben den Anteil der biologischen Faktoren, die sich durch medizinische Behandlungen heilen lassen; wir haben die psychologischen Faktoren, die sich durch therapeutische Behandlungen heilen lassen; und wir haben die feinstofflichen Faktoren, die sich durch energetische Behandlungen heilen lassen. Das ist Trinity, die Dreifaltigkeit des Seins, die seit Jahrtausenden in allen kulturellen und religiösen Aspekten in der Menschheit auftritt. Auf die eine oder andere Weise. Ich habe für meine Heilung alle Ressourcen genutzt und tue das immer noch, denn auch heute noch treffe ich auf Widerstände und werde immer wieder zu Teilen meiner selbst geführt, die noch Heilung bedürfen. Als komplexe fühlende Wesen verändern wir uns stetig, wenn auch manchmal nur minimal, und erleben immer neue Dinge, die uns beeinflussen. Das kann zum Guten oder zum Schlechten sein. Das Schöne an uns Menschen ist dabei, dass wir durch unser Bewusstsein die Macht haben, auch aktiv in die Veränderung zu gehen, etwas zu bewirken oder entgegenzuwirken. Das ist eine Macht, die jeder von uns maximal nutzen sollte. Und da schließt sich eben auch wieder der Kreis dahin, mit der Macht unserer Gedanken, unserer Gefühle, unserer Hoffnungen die Welt nicht nur physisch, sondern auch mit den kleinsten Teilchen zu beeinflussen.

Die Macht der Manifestation ist direkt verstrickt mit der Macht der Veränderung und du hast genauso Zugriff darauf wie jeder andere. Ja, du verlierst manchmal den Kontaktpunkt, wenn du von depressiven Phasen heimgesucht wirst. Oh, da kann ich dir ein Lied von singen! Aber du bist verdammt noch mal nicht weniger wert oder kriegst es nicht geschissen, nein! Du kannst das, du musst eben nur die reißenden Wellen aussitzen und warten, bis du wieder in ruhigeren Gewässern fährst. Dann hast du alle diese Möglichkeiten umso mehr! Denn die Tiefe, die all deine schmerzlichen Erfahrungen mit sich bringen, gebärt eine Inbrunst, eine Energie, eine brodelnde Macht in dir, die unnachgiebig ist. Sie verlangt. Sie verlangt mehr vom Leben. Und das kannst du nutzen – die Wut, die Verzweiflung, das Bestreben nach mehr, die Hoffnung. All das sind pure Gefühle mit starken Energien, die wie ein kostbarer Schatz auf dem Meeresgrund darauf warten, geborgen und eingesetzt zu werden. Wie das geht, weißt du ja jetzt.

Am Prozess der Depression selbst ist nichts Romantisches. Die Wellen der Agonie, die dich mitreißen, kann ich nicht schönreden. Dafür war ich zu oft unter ihnen begraben. Die Depression ist die Hölle. Die Leere, die tiefe Traurigkeit, die Sinnlosigkeit, das stumpfe Sein, der Schmerz. Aber aus der Depression habe ich auch die schönsten Kunstwerke geschmiedet, Zeichnungen, Geschichten, Poesie erschaffen. Etwas Nachhaltiges, Wunderliches, Schönes. Die Depression hat eine Tiefe in mir geschaffen, die nachhaltig vorhanden bleibt. Damit kann ich einem Gegenüber in die Augen blicken und ihn sehen, in all seinem Sein, in seinem ganzen Spektrum, in voller Akzeptanz der tiefsten Abgründe, ohne zu urteilen. Diese Tiefen nicht nur zu sehen, sondern zu verstehen und nachzuempfinden, lässt mich emphatisch sein auf eine Art, wie es Menschen, die nie davon betroffen waren, nicht sein können. Nachempfinden kann eben nur, wer auch die Bandbreite an Empfindungen in sich trägt.

Das mag vielleicht nur ein kleiner Trost sein in der tosenden Trauer und dem herzzerreißenden Schmerz der großen Welle. Aber wenn es wieder ruhiger wird, dann denke ich immer: Egal wie viel ich erlitten habe, wenn mein Leid etwas Freude, Hoffnung und Leichtigkeit bringen kann, so hat es doch einen Sinn. Zumindest ist es mein Wunsch, dem Ganzen einen Sinn zu geben. Und hätte ich diese Abgründe nicht am eigenen Leib erfahren, so hätte ich mich kaum dafür eingesetzt, dieses Buch schreiben zu dürfen. Ein Buch, das meines Erachtens noch bitterlich gefehlt hat.

MEIN TIPP ZUM MANIFESTIEREN FÜR MENSCHEN MIT DEPRESSIONEN

Sollte du gerade eine leichte depressive Episode haben, also immer noch Herrin deiner Emotionen sein, noch mächtig, sie zu steuern, dann ist die Rainbow Method auch für dich sehr effektiv. Mit dem Gefühl von Verzweiflung, Trauer und Einsamkeit konnte ich schon viele gegenteilige Impulse setzen, auch wenn es erfahrungsgemäß aus so einer Phase heraus etwas länger gebraucht hat, bis sie eintrafen. Aber diese energetischen Frequenzen kannst du wie alle anderen zu deinem Vorteil nutzen.

Wenn du jedoch in einer akuten, schweren depressiven Episode hängst, zählt nur eins: durchhalten, aushalten, durchstehen. Und dir bitte therapeutische Hilfe suchen!

Energetisch jedoch musst du abwarten. Hier geht es nicht darum, neue Impulse zu starten, denn wer so tief in der Dunkelheit versunken ist, der braucht deep rest (depressed). Du brauchst Ruhe vor deiner eigenen Erwartungshaltung, Ruhe vor allen um dich herum, vor den Aufgaben, dem Stress, den Forderungen. Keine Sorge. Alles, was du schaffen musst, ist, irgendwie durch den Tag zu kommen. Du wirst nichts verpassen und du musst auch nichts leisten. Manifestieren darf jetzt ebenso auf Eis gelegt werden. Es ist nicht die richtige Zeit. Das Universum wartet auf dich, bis du wieder in deine Kraft gekommen bist. Und das wirst du! Halte durch! Ich bin stolz auf dich!

DIE GABEN DES ADHS

Menschen mit ADHS haben so ihre Probleme damit, pünktlich zu einem Termin zu kommen, sie sind mit dem Kopf immer in den Wolken, verträumt, manchmal gar nicht ansprechbar. Und viele haben auch etwas Hibbeliges an sich. Bewegungsdrang. ADHS kann sich unterschiedlich äußern und zeigt sich von schwach bis stark ausgeprägt. Was aber alle Betroffene gemeinsam haben, so sicherlich auch du, wenn du dich hier angesprochen fühlst, ist, dass sie es schwer finden, sich in der Gesellschaft zu behaupten. Zwar hast du innovative Gedanken, aber einen Platz im Leben zu finden, bei dem das wertgeschätzt wird, ist gar nicht so einfach. Denn dein Gehirn tickt ein bisschen anders, es denkt um die Ecke, ist verspielt, immer mit frischen Ansätzen ausgestattet. Und um so genial, ja, so kreativ sein zu können, ziehst du eben auch – machen wir uns hier nichts vor – das Chaos hinter dir her. Du lebst darin, erzeugst es und störst dich auch eigentlich gar nicht so sehr daran. Halt nur die anderen und dann wird's eben unangenehm. Denn das willst du ja nicht. Du willst ja gemocht werden. Geliebt. Gesehen. Wertgeschätzt. Wie jeder andere auch. Aber im Grunde kannst du dich auch ohne andere, ganz für dich, ziemlich gut beschäftigen, zumindest wenn du es darfst, wenn dir die Möglichkeit geboten wird, dich frei zu entfalten.

Bis zu einem gewissen Grad sehe ich ADHS nicht als Störung oder Laster, sondern als Begabung, die aber einen enormen Leidensdruck erzeugt, da die Normgesellschaft komplett gegensätzlich funktioniert. Entsprechend bekommen Menschen mit ADHS auffällig oft eine daraus resultierende Depression. Kennst du das? Das Gefühl, nicht richtig zu sein, nicht gut genug zu sein, weil man die Dinge eben nicht so klar, fokussiert, so stoisch sortiert umsetzen kann wie all die anderen? Das nagt an deinem Selbstbewusstsein. Du wirst als dumm, faul oder nervig abgestempelt und so wächst

die Scham. Auf Zwang willst du alles richtig machen, genau zuhören, wirklich pünktlich sein, diese eine E-Mail zu Ende schreiben, bevor du wieder drei andere Sachen parallel anfängst. Aber es gelingt nicht. Egal was du probierst, die Biochemie in dir arbeitet einfach dagegen.
Natürlich kann für diese Banalitäten ein gut eingestelltes Medikament wahre Wunder wirken, aber im Kern verändert es nun mal nicht deine gesamte Persönlichkeit. Und hier sage ich: zum Glück. Du bist eine beneidenswerte Naturgewalt, ein Energiebündel, ein kreatives Supergenie. Ja, hier und da könntest du schon mal besser zuhören, ich will ja nicht lügen, etwas mehr Da-Sein von dir, etwas mehr Anteilnahme wäre schon wünschenswert, aber ansonsten bist du eine Bereicherung. Ich weiß, die Welt gibt dir oft das Gefühl, du wärst eine Last, aber das bist du nicht. Du musst nur lernen, dein Chaos etwas gezielter einzusetzen und es für wichtige alltägliche Dinge mal im Zaum zu halten. Aber du sollst dich gar nicht von Grund auf ändern. Sich etwas anpassen, adaptieren, das müssen wir alle. Außer wir leben in einer einsamen Hütte im Wald wie der Eremit. Aber mit den richtigen Menschen an deiner Seite musst du dich nicht verstellen.

Wer den genialen Funken in dir erkennt,
wird reich beschenkt. Mit Lachen, verrückten Ideen,
mit einem Menschen, mit dem man Pferde stehlen kann.

Lass dir das nicht kleinreden von Leuten, die dich nicht sehen. Die nicht richtig hinschauen wollen. Das hast du nicht nötig. Ja, mag sein, dass man dir immer eine Stunde früher als Treffzeit sagen muss, damit man nicht so lange warten muss. Aber im Ernstfall bist du da. Dann wenn die Scheiße so richtig am Dampfen ist und sich alle anderen vor unbequemen Aufgaben, unbequemen Gefühle oder unbequemen Umständen am liebsten drücken, dann kneifst du nicht. Denn du weißt die Menschen, die dich so nehmen, wie du bist, besonders zu schätzen. Und du würdest alles für sie tun.

MEIN TIPP ZUM MANIFESTIEREN FÜR MENSCHEN MIT ADHS

Nutze deine schräge Kreativität und kreiere deine eigene Form der Manifestation. Du willst dafür ein Lied komponieren und es körperlich verankern, indem du ein Rad schlägst. Deine Kraftbewegung ist also das Radschlagen? Mal eben schnell an der Bahnstation? Was hält dich auf? Die Blicke? Ach, komm. Du bist ein Träumer, du denkst groß! Du hast grenzenlose Visionen, grenzenlose Energien, die du auf deine eigene Weise verballern kannst. Du brauchst keine Anleitung. Für dich sind das alles nette Empfehlungen, aber du wirst dein eigenes Ding daraus deichseln. Du bist der Rebell, die Chaoshexe, der Schlawiner, der keine Regeln braucht. War nett, dich kennenzulernen. War nett, dir eine Richtung vorzustellen, aber am Ende des Tages machst du doch sowieso, was du willst. Also sei du! Schonungslos!

DIE WELT DES AUTISMUS

Ob nun Asperger oder Autismus, auch hier liegt für Betroffene wieder ein Spektrum vor. Einige sind so hochfunktional, dass es ein Leben lang verborgen bleibt. Gerade bei Frauen wird Autismus auch heute noch oft falsch oder gar nicht diagnostiziert, da die Diagnosekriterien in der Vergangenheit hauptsächlich an Jungs und Männern erforscht wurden. Von Menschen, die grandiose Leben führen, die es schaffen, sich doch irgendwie zu integrieren, bis zu denen, die lebenslang auf Hilfe durch Dritte angewiesen sind, ist alles dabei. Autismus ist vielfältiger, als es für viele auf den ersten Blick scheinen mag.

Solltest du von Autismus betroffen sein, gibt es aber ein paar grundlegende Symptome, die euch alle vereint, und das ist vor allem die Überforderung und das Fremdeln mit sozialen Interaktionen und Situationen. *Socially awkward* nennen wir es heutzutage. Nicht gut ausgeprägte Sozialkompetenz aus dem medizinischen Blickwinkel. Es fällt dir schwer, die Gefühle anderer zu lesen und deine auszudrücken. Deswegen ist an dem Klischee, dass Menschen auf dem Autismus-Spektrum keinen Sarkasmus verstehen, schon was dran. Immerhin benötigt man dafür ein hohes, fast schon intuitives Verständnis für Gefühle. Für Gestik, Mimik, Mikrogesten und die Stimmlage im Kontext des Gesagten.

Das Gute ist, die Defizite können durch Verhaltens- und Sprachtherapie trainiert werden. Es wird geübt, sich mehr auf das Wesentliche zu konzentrieren und die eigene Aufmerksamkeit auf relevante Informationen zu lenken. Ebenso wird die Bedeutung der sozialen Komponente der Sprache erlernt, was die Umsetzung am Ende einfacher macht. Denn was du wirklich verstehst, sachlich, pragmatisch und in all seiner Vernunft, das kannst du nachvollziehen und folgend auch effektiv anwenden. Für dich muss die Welt Sinn ergeben und dafür müssen eben alle Sachen bis in kleinste Detail erklärt werden und logisch ineinandergreifen.

Du magst zwar Dinge anders, pragmatischer angehen als die meisten, aber sobald du den goldenen Schlüssel der Kommunikation meisterst, wirst du auch mit Normis gut klarkommen, weil du ihnen immer vermitteln kannst, woran sie mit dir sind. Du offenbarst ihnen deine Erfahrungsrealität und dann liegt es bei ihnen, hineintreten zu wollen, Verständnis zu zeigen und mit dir einen Mittelweg zu erarbeiten oder eben nicht. Du musst dich nicht verbiegen, verstellen, eine schale Hülle deiner selbst werden, nur um der Normgesellschaft gefällig zu sein. Immerhin hast du auch die Superfähigkeit der »Special Interests«. Wenn dich etwas besonders interessiert, ja, geradezu hypnotisch verschlingt, dann kannst du alles dazu lesen, lernen, verstehen. Du wirst ein Meister der Thematik und das kannst du zu deinem Vorteil nutzen. Nicht von ungefähr kommt Autismus auch häufiger mal mit einer wirklich unglaublich faszinierenden Inselbegabung daher. Anhand dieser Menschen können wir begreifen, zu welch enormen Fähigkeiten unser Gehirn in der Lage ist. Mir bleibt da immer ein Künstler im Gedächtnis, der nur einmal über eine Stadt fliegen muss und sie dann mit jedem einzelnen Gebäude fotogetreu nachzeichnen kann. Für einen Normi wie mich unvorstellbar und sehr respekteinflößend.

MEIN TIPP ZUM MANIFESTIEREN FÜR MENSCHEN MIT AUTISMUS

Das Analysieren fällt dir leicht, nutze es also ebenso wie deine Beobachtungsgabe und teste verschiedene Methoden aus. Notiere dir, wie sie wann und wo gewirkt haben, und finde so heraus, was für dich am effektivsten ist. Da dir klare Regeln und Abläufe auch beim Manifestieren helfen, solltest du dein Gespür für das Akribische auch hier walten lassen. Sei präzise und addiere testweise verschiedenste Regeln hinzu oder subtrahiere sie weg. Auch kannst du deine »special interests« als Superfähigkeit nutzen. Lenk deine Aufmerksamkeit auf die Energiearbeit, die Manifestationsmethoden und das magische Wirken und du wirst so schnell wie kein anderer zum Experten darin. Wenn du dabei nicht nur alles dazu liest, sondern auch ausprobierst, wirst du sehr schnell die ersten Erfolge erzielen.

ZU VIEL GEFÜHL

Ob hypersensibel oder emotional instabil, diese Dinge liegen nah beieinander. Menschen mit einer Borderline-Persönlichkeitsstörung tragen ein besonderes Stigma. Während Menschen, die von sich meinen, hypersensibel zu sein, höchstens belächelt werden, werden Menschen mit einer Borderline-Diagnose als böse, manipulativ und intrigant abgestempelt. In Wirklichkeit liegt beides haarfein beieinander und geht fast schon Hand in Hand. Die Intensität der Emotionen haben beide Gruppen in jedem Fall gemein. Während sich die düsteren Phasen extrem tragisch anfühlen, ist auch die Freude viel freier und kindlicher, ein einnehmendes Gefühl, das durch den ganzen Körper dringt und deine Aura beeinflusst. Du kannst Begeisterung in den kleinsten Dingen finden und mit viel Neugierde auf die Welt blicken. Genau dadurch kannst du überall frei schwebende, ungenutzte Energien aufsaugen und für deine eigenen Ziele sammeln und ausrichten. Deine Emotionen sind dein Motor. Wenn du sie nicht lenken lernst, fühlt sich deine Sensibilität an wie ein Fluch. Aber schaffst du es, die wilde Bestie deiner selbst zu reiten, wird daraus eine grandiose Gabe. Denn abschalten kannst du sie nicht. Deine Empfindungen, deine Empfänglichkeit, sie sind immerzu aktiv. Du bemerkst kleinste Veränderungen, an dir, um dich herum, an anderen. Du spürst nicht nur deine Emotionen so viel intensiver, sondern auch jede Veränderung der Stimmungen anderer. Das Ganze hat zwar wie gesagt keinen Ausschalter, ist aber enorm nützlich, wenn du es endlich verstehen kannst. Dafür braucht es nur einiges an Übung.

Aufgrund deiner enormen Feinfühligkeit bist du von klein auf viel tiefer mit deiner Intuition verbunden. Eine Verbindung, für die viele hart arbeiten, Blockaden lösen und sich selbst erst mal verstehen lernen müssen.

Das ist ein großer Vorteil. Ein Nachteil jedoch ist, dass du schauen musst, dass deine starken Emotionen diese feinen Empfindungen nicht überlagern. In einem ruhigen Moment spürst du aber natürlicherweise sehr klar, was Sache ist, wo es dich hinzieht und welchen Impulsen du folgen musst. Da bist du den anderen eine Nasenlänge voraus. Es mag dich zwar nicht jeder verstehen und manch einer mag sagen, du wärst zu dramatisch, zu drüber, zu viel, das sei alles ein Schauspiel für mehr Aufmerksamkeit. Aber das ist kein Verlust. Wer sich nicht mal bemüht, etwas nachzuvollziehen, was schlichtweg in seiner Erlebnisrealität nicht existent ist, der hat auch deine Zeit, deine Energie und deine Zuneigung nicht verdient. Immerhin achtest du immer besonders auf die Menschen in deiner Umwelt, sofern du nicht gerade in einer schlechten Phase absäufst. Da müssen wir fair sein. Aber da du den tiefen Schmerz und das schneidende Leid in der Seele mehr als gut kennst, bist du besonders bedacht darauf, auf deine Mitmenschen zu achten, zu hinterfragen und nachzuhaken, wenn dein Bauchgefühl sagt, dass da irgendwas nicht stimmt.

MEIN TIPP ZUM MANIFESTIEREN FÜR HYPERSENSIBLE

Deine Intuition sagt dir die Wahrheit. Dein Körper redet mit dir, deine Seele zeigt dir den Weg. Alles, was in deine Energie eintaucht, und alle Energie, in die du tauchst, spürst du so tief, dass du sie nur ausrichten musst. Du hast eine Gabe, die sich wie ein Fluch gegen dich richtet, wenn du sie nicht zu kontrollieren lernst. Aber deine sanfte Stärke wird dir Türen öffnen. Deine ausgeprägten Emotionen sind deine stärkste Waffe in der Manifestation. Die Rainbow Method ist für dich wohl die ultimative Form, um die Energien aus den intensiven Empfindungen, die eh da sind, maximal zu nutzen.

MEIN TIPP ZUM MANIFESTIEREN FÜR MENSCHEN MIT BORDERLINE

Die enorme Intensität deiner Gefühle sind eine Qual, die kein anderer kennt, aber sie ist auch eine Quelle der Macht, die kein anderer nutzen kann. Sie beherrschen zu lernen ist, wie einen wilden Drachen zu bändigen, aber kannst du es, bist du nahezu unbesiegbar. Du bist der Wächter der Regenbogen-Methode und keiner kann sie so effektiv einsetzen wie du. Klar, wir alle haben Gefühle, mehr oder weniger, aber keiner spürt sie mit dieser gewaltigen Intensität wie du.

Deine Energien sind bis zu neunmal stärker und damit kannst du auch neunfach krasser, schneller und abgefahrener manifestieren.

Glaub mir, ich bin der lebende Beweis. Das ist der Grund, wieso ich diese Manifestationsmethode überhaupt erschaffen konnte. All das Leid meiner Borderline-Diagnose hat zu diesem Buch geführt, um auch anderen Menschen in allen Lebenslagen die Macht an die Hand zu geben, die Kontrolle zu übernehmen. Und glaub mir, ich weiß, was es bedeutet, den eigenen Gefühlen ausgeliefert zu sein. Aber es passiert mir nicht mehr. Und was ich kann, das kannst du schon lange! Du schaffst das! Bändige den Drachen, werde die Dragon Force, die das Universum braucht.

Du bist nicht kaputt, du fühlst dich nur so. Und doch bist du so viel stärker, als du bisher zu glauben bereit bist! Du hast all diesen Schmerz überlebt, um jetzt in die höchste Form deiner selbst aufzusteigen. Unbesiegbar, einnehmend, beschützend, einfühlsam und unerschütterlich. Denn jede Hürde, jeden Schmerz, jeden Abgrund kennst du schon. Dadurch hast du die Kraft, andere an die Hand zu nehmen und sie durch schwere Zeiten hindurchzuführen. So wie ich es mit diesem Buch tue. Danke, dass du noch da bist. Ich sehe dich. Und wir brauchen dich!

AN ALLE UND JEDEN

Egal wer du bist, egal wo du herkommst, in dir brennt ein Feuer, das bislang nicht erloschen ist. Das keiner tot bekommen hat, egal was dir angetan wurde, egal was du dir selbst angetan hast. Wäre es erloschen, dann wärst du nicht mehr hier, würdest diese Zeilen nicht lesen und hättest deine Hände nicht nach diesem Buch ausgestreckt. Du willst etwas verändern – und das ist der erste und wichtigste Schritt. Auch wenn es sich für dich vielleicht oft so angefühlt hat, als wäre es aussichtslos, sinnlos, als hättest du dich aufgegeben, weil du keine Chance mehr hast, bist du dennoch hier.

Die größte Macht liegt in dir. So schön es in den Märchen auch sein mag, es wird niemand kommen und dich retten. Es wird dich niemand von deinem Leid erlösen, erst recht nicht die Menschen, die es verursacht haben. Scheiß auf Entschuldigungen. Wer braucht eine Entschuldigung, wenn er eine Veränderung sehen will? Sei diese Veränderung. Es ist hart, es ist schwer und deine Seele gibt den Takt vor, wie schnell du dich von dem alten Ballast lösen kannst. Und das ist okay. Vergleich dich nicht mit anderen. Vergleich nicht ihre Erfolge, ihr Leid, ihre Gesundung mit dir. Du bist die beste Version deiner selbst, die du jetzt gerade sein kannst. Und an manchen Tagen mag das nicht viel sein. Na und? Dennoch darfst du stolz sein, es auszuhalten, durchzuhalten. Das ist genug. Du bist genug. Sei dir selbst die Person, zu der du immer aufgeblickt hast. Denn alles dafür, diese Person zu sein, steckt in dir. Mit jedem Tag, den du weitermachst, hältst du dieses Potenzial am Leben. Und mit jedem Moment, mit jedem Atemzug, hast du die Möglichkeit, alles zu verändern. Angst und lähmender Schmerz sind das Einzige, was dich davon abhält. Also sei mutig, sei wahnsinnig, sei alles, was du brauchst, um über dich selbst hinauszuwachsen!

LETZTE WORTE AN DICH

Stell dir das Universum als eine Person vor, die du verführen willst. Die du um den Finger wickelst, mit allen Emotionen bewaffnet. Mit allem, was du hast. Denn im Krieg und in der Liebe ist bekanntlich alles erlaubt. Und somit verabschiede ich mich mit dem Titel dieses Buches:

Fuck the Universe
wild und heftig.

DANKSAGUNG

Ein großes Danke geht natürlich an Thomas B., meine Twinflame, der mich schon seit Jahren durch alle Gefilde begleitet. Egal ob emotional, in der Karriere oder weil wir gemeinsam durch die Weltgeschichte reisen. Ohne deine stoische und emsige Energie wäre ich nur halb so gut am Boden der Tatsachen verankert.
Ebenso danke ich meinem Soulmate Markus F., der mich nun auch schon seit der Schulzeit begleitet. Du hast mir immer den größten emotionalen Support gegeben, meine Launen ertragen und warst auch dann für mich da, wenn jeder andere nur noch wegrennen wollte. Das weiß ich bis heute sehr zu schätzen! Du hast mir Stabilität gegeben und Sicherheit, wo ich sie am meisten brauchte, aber am wenigstens verdient hatte.
Ein großes Danke auch an Amelie T., dass du mich immer unterstützt hast, immer deine Hilfe anbietest, jeden meiner Erfolge feierst und stolz auf mich bist. Du bist für mich das Sinnbild einer guten Frauenfreundschaft, wo nur Liebe und Respekt Platz haben. Du bist grandios, wie du bist, und ich bin so stolz darauf, was du schon alles geschafft hast!
Ebenso will ich Falko A. nicht vergessen: Mensch, waren unsere Begegnungen wild und durchwachsen, aber wir haben wieder zueinandergefunden und bei dir finde ich die größte Ruhe und Entspannung. Angekommen. Ich kann sein, wer ich bin, und es beruht auf Gegenseitigkeit. Danke für die lange Freundschaft, immerhin kennst du mich sogar am längsten. Du kennst meinen Startpunkt, meine Entwicklung und deine Anerkennung hat dadurch immer einen besonderen Stellenwert in meinem Herzen. Du weißt, wo ich herkomme und wie viele Dämonen ich bekämpfen musste, um die zu werden, die ich jetzt bin.
Ein gesonderten Dank geht an die Ärztin Dr. med. Susanne Müller-Mai, die mir durch ihre Expertise einen besonderen Einblick in die

Welt des ADHS gegeben hat, womit ich dieses Buch entsprechend fundiert ergänzen konnte. Des Weiteren möchte ich hier die Chance nutzen, meinen beiden Kunstlehrern von zwei verschiedenen Schulen zu danken. Einmal M. Zotter und einmal A. de Groot. Ihr wart ein wichtiger Anker in meiner Entwicklung und gehört zu den wenigen Menschen, die mir das Gefühl gegeben haben, dass meine Andersartigkeit etwas Schönes war und kein Störfaktor. Das hat mich ebenso zu dem starken und expressiven Menschen gemacht, der heute wiederum so viele andere Menschen zum Positiven beeinflusst.
Zu guter Letzt möchte ich auch hier noch mal ein Danke an meine wundervolle Therapeutin Susanne v. A. geben, ohne die ich niemals so gefestigt wäre. Danke, dass wir voneinander lernen durften.
Bitte gebt ihr alle weiterhin vielen Menschen Halt im Leben und einen Hoffnungsschimmer, den sie brauchen, um sich endlich frei entfalten zu können. Mir habt ihr mehr geholfen, als euch vielleicht bewusst sein mag! Danke!

Dieses Buch widme ich natürlich auch dir. Dem Leser, der Leserin. Dieses Buch war von Anfang an für dich, wenn du dich unverstanden fühlst, ausgeschlossen, einsam. Als wenn es keinen Platz für dich gäbe. Doch den gibt es und wenn nicht, dann wirst du dir verdammt noch mal endlich einen erschaffen! Wenn mein Leid, all die Agonie für etwas gut gewesen sein soll, dann dafür, all jenen meine Hand entgegenzustrecken, die in ihrem Leid versinken. Ich kenne den Schmerz, die Hoffnungslosigkeit, die Verzweiflung, wenn man die Scherben aufsammelt, die andere verursacht haben. Ich kenne die tiefste Dunkelheit, mein grausigstes Selbst, die finsterste Version, die in uns allen schlummert. Aber ich habe keine Angst mehr davor, hinzusehen, und ich habe keine Angst davor, dich anzusehen. Ich sehe dich. All die Erfolge, die Liebe, das Glück, das habe ich mir erarbeitet. Stück für Stück. Jahr um Jahr. Mit jeder gesunden Entscheidung, die ich unter Tränen und mit klappernden Zähnen durchgesetzt habe.

Egal wie schwer es fiel. Damit habe ich mir mein Glück erkämpft. Und das kannst du auch! Ich kenne es nicht anders als zu kämpfen: um mein Glück, um mein Leben, um Lebensfreude. Ich musste und werde auch in Zukunft immer wieder Kriege führen, die ich nicht führen will. Weil ich mit mir kämpfe oder weil Leute entscheiden, gegen mich in die Schlacht zu ziehen. Aber weißt du was? Das ist es wert! Nach Jahren der Hoffnungslosigkeit kann ich dir sagen: Es ist es wert! Ich bin glücklich, erfüllt, geliebt, ich liebe. Ich liebe das Leben! Und hätte nie für möglich gehalten, dass ich das mal sage, geschweige denn schreibe. In einem Buch. Für die Welt. Und dieses Brennen, das lodernde, unerloschene Feuer, das deinen Körper mit Energie speist, das lebt auch in dir. Egal wie klein sich die Flamme auch anfühlen mag und wie kalt es in dir schon sein mag, weil die Wärme entwichen ist. Du kannst sie wieder zum wilden Lodern bringen. Lass meine Worte dein Zunder sein, lass meine Geschichte dir Sauerstoff zum Brennen geben, lass mein Leid deine Flammen höher schlagen. Ich sehe dich. Wir sind uns ähnlich. Und was ich kann, das kannst du schon lange.

Und hier auch noch mal einen großen Dank an alle Zauberlöffel, die mich schon seit meinem ersten Tag begleiten. Und wenn du dich jetzt wunderst: »Zauber...was?« Ja. Löffel. In den ersten Tagen meiner Sichtbarkeit als Hexe hab ich im Internet keinen abfälligen Kommentar häufiger bekommen als: »Es gibt keine Hexen.« Daraus resultierte der Running Gag mit meinem Mithexen, dass wir uns bezeichnen könnten, wie wir wollen, und selbst wenn wir uns Suppenlöffel nennen würden – die Ungläubigen wären nicht imstande, uns aufzuhalten. Zudem gab es auch in der Hexencommunity einige, die es nicht so feierten, dass ich das alte Wissen so einfach aufbereitet für alle zugänglich machte, weswegen mir öfter vorgeworfen wurde, ich würde von mir denken, ich hätte die Weisheit mit Löffeln gefressen. Nun gut, dachte ich. Mein Ziel war es sowieso, mein Wissen, meine Weisheiten allen auf dem Silbertablett zu servieren. Also lieber Löffel weitergeben, bevor ich ihn abgebe. Und so gebar sich das geflügelte Wort »Zauberlöffel« für jeden, der dankbar für mein Wissen war. Schnell wurde mein Logo die Hexe, die auf dem Löffel flog. In meiner Talkshow konnte man physische Zauberlöffel ergattern und es gab sogar ein entsprechendes Abzeichen, das heute noch als Wasserzeichen meine YouTube-Videos in einer der Ecken ziert. Und auch wenn es vielleicht etwas spielerisch für die sonst so ernsten Themen, die ich vermittle, wirkt, möchte ich diese Tradition weiterführen. Also willkommen im Besteckkasten, kleiner Zauberlöffel, sodass wir alle gemeinsam aus dem Kessel der Weisheit schlürfen mögen!

ÜBER DIE AUTORIN

Ich bin eine Naturgewalt. Große Worte, ein Raunen rauscht durch deinen Kopf. Darf sie das? Das soll sie erst mal beweisen! Und schon habe ich wieder alte Schatten aus patriarchalischen Strukturen getriggert. Eine Frau, die in großen Worten von sich spricht, die ist unüblich, arrogant, überheblich, viel zu sehr von sich selbst überzeugt. Aber das ist sie nicht. Ich muss mich nicht kleiner machen, als ich bin, ich strahle, hell und wild. Ich bin das Feuer. Bin das Klischee des Sternzeichens Widder, das vorprescht und neue Wege möglich macht. Das stur sein Ding durchzieht, egal was andere sagen. Ihre Grenzen gelten nicht für mich. Rebellin. Vorreiterin. Ich bin müde, mein Licht verstecken zu müssen, weil es so erwartet wird, damit andere sich nicht geblendet fühlen. Warum Rücksicht auf Leute nehmen, die sich lieber in ihre tiefsten Schatten zurückziehen, als ihnen zu begegnen? Für ihr eigenes besseres Morgen. Aber statt gegen sie anzukämpfen, kämpfen sie lieber gegen mich. Was für eine Farce. Energieverschwendung. Eine Niederlage, die schon von Beginn an in Stein gemeißelt ist. Und dennoch bleibt es eine nie enden wollende Geschichte, welche sich ständig wiederholt. Denn unzufriedene Menschen gibt es überall. Sie fühlen sich von jedem bedroht, der schamlos sein wahrstes Selbst lebt und damit sein maximales Potenzial zum größten Gut für das Universum nutzt. Und es somit allen als Bereicherung zur Verfügung stellt. Aber sie wollen es nicht nutzen. Nein, sie wollen wettern, schlecht machen, kleinreden, weiterhin unzufrieden sein.

Aber ich habe keine Angst mehr. Ich habe meine Kriege geführt und erkannt, dass mich keiner so sehr das Fürchten lehren kann wie meine eigenen Abgründe. Ich bin mir der größte Feind, aber auch die größte Flamme. Feuer und Fackelträger zugleich. Ich habe drei Karrieren in meinen nicht mal 30 Jahren zum Erfolg geführt. Cosplayer sein, als es damals noch keiner kannte. Bekannt, erfolgreich, davon leben könnend. Als mir das nicht reichte, widmete ich mich dem Make-up, als Quereinsteigerin in Deutschland fast unmöglich, und dennoch habe ich es an die Hollywood-Sets geschafft. Und dann? Kam meine Berufung, nicht mal binnen eines Jahres wurde ich zur bekanntesten deutschsprachigen Hexe. Hausierte durch alle Medien, brachte das Thema den Menschen näher. Vernünftig, nahbar, weit weg von den sonst üblichen Wunderlichkeiten. Ich machte das Thema groß, greifbar, einer neuen Generation zugänglich. Ich begeisterte Massen, prägte sie und stellte fest, was für einen enormen Einfluss ein einziger Mensch haben kann. Dadurch befeuert, schrieb ich mein erstes Buch, wurde somit zur Autorin und landete direkt einen Bestseller. Ich habe keine Angst mehr vor dem Scheitern. Keine Angst vor der Meinung Fremder, deren Leben mich nicht tangieren. Ich nehme keine Kritik von Leuten an, die ich auch nicht nach Rat fragen würde. Ich habe meine Stärke gefunden, meine Klarheit. Ich kenne meine Macht und ich weiß, dass sie Leuten Angst machen kann. Aber ich bin mir meiner selbst bewusst und ich weiß, ich kann mir vertrauen. Mit Liebe im Herzen, der besten Intention vorangehend, den moralischen Kompass bis heute weiterhin fest in der Hand, gebe ich alles in die Welt hinaus, von dem ich zutiefst überzeugt bin, dass es helfen kann. Ich strecke meine Hand weiterhin nach unten aus, um Leute emporzuheben. Die starke Hand, nach der ich mich immer gesehnt habe in all dem Schmerz, in dem Anderssein, in der Ausgegrenztheit, in der Einsamkeit. Jetzt habe ich die Kraft, genau das für andere zu sein, und jeder Tag, an dem ich das nicht nutzen würde, meine Reichweite, die Macht meiner Worte, die Macht meiner Taten und die Macht meiner Gedanken, wäre ein verschwendeter Tag. Und wer weiß, wenn das Universum mir übermorgen einen ganz anderen Weg zeigt, ein anderes Leben, ein anderes Land, eine andere Berufung, dann werde ich ihr folgen. Es macht mir keine Angst mehr, in die Ungewissheit zu gehen und alle Sicherheit ziehen zu lassen, denn ich weiß, egal was ich tue: Es wird funktionieren.

MEINE ANGEBOTE

Wenn du in das Thema Energiearbeit noch tiefer einsteigen willst, deine Urkraft entfachen, ausbauen und weiter eintauchen in die magische Welt unseres Universums, dann solltest du dir mein Buch »WitchPower – Entdecke deine magischen Kräfte« nicht entgehen lassen. Das Werk ist enorm umfangreich und erklärt alles sehr ausführlich und dennoch mit Leichtigkeit, sodass du direkt ins Tun kommen kannst. Es baut zudem supergut auf diesem Buch auf und wird deinen Horizont noch mal enorm erweitern.

Auf meiner Homepage findest du ganze Ausbildungssysteme zum magischen

Arbeiten sowie einzelne Kurse und Workshops zu sehr abwechslungsreichen und mystischen Themen. Es lohnt sich also, mal die Nase reinzustecken und rumzuschmökern. Du findest dort Themen wie Handlesen, Knochen werfen, Tarotkarten legen, Aura lesen, Schattenarbeit, Sigillenmagie und vieles mehr. Es ist eigentlich für jeden was dabei. Mit dem Code »MANIFEST« bekommst du sogar 10 Euro Rabatt auf alle Kurse und Ausbildungssysteme.
Zu guter Letzt biete ich, wenn auch nur in begrenzter Zahl, jeden Monat 1:1-Sessions an. Hier geht mir Qualität sehr vor Quantität. Ich gehe auf jeden meiner Schüler individuell ein, nehme mir Zeit, fühle hinein, mach mir Gedanken und möchte immer, dass du maximal Mehrwert mitnehmen kann. Aufgrund dessen, aufgrund meiner Öffentlichkeitsarbeit und der Arbeit als Autorin, sind die Plätze begrenzt. Es lohnt sich aber offenbar sehr, einen zu ergattern, sofern man den vielen Leuten Glauben schenken mag, die sich das schon mal gegönnt haben. Wir sehen uns dann! Persönlich!

https://shisha-rainbow.com

Folge mir auch gern auf folgenden Plattformen:

@shisharainbow

@modernehexerei

@wichtokerin

Kurs zum Buch

Hier findest du einen gratis Onlinekurs, der das Buch ergänzt. Denn alle Kapitel und Themen, die den Rahmen gesprengt hätten, wurden nun als Videoseminar von mir aufgearbeitet, sodass du alle zusätzlichen Informationen hast! Es lohnt sich also sehr, ihn dir anzuschauen und das ein oder andere Geheimnis noch zu lüften.

Wenn dir das Buch gefallen hat, freue ich mich als noch junge Autorin mit ihrem zweiten Werk sehr, wenn du mir auf den üblichen Plattformen eine positive Rezension dalässt. Das hilft nicht nur potenziellen Interessenten, um für sich zu entscheiden, ob ihnen das Werk positive Impulse geben könnte, sondern auch mir, damit ich auch in Zukunft weitere Bücher schreiben darf. Und eventuell ist das ja etwas, das du unterstützen möchtest! Vielen lieben Dank dafür!

LIEBE LESERINNEN UND LESER,

wir wollen Ihnen mit diesem Buch Informationen und Anregungen geben, um Ihnen das Leben zu erleichtern oder Sie zu inspirieren, Neues auszuprobieren. Wir achten bei der Erstellung unserer Bücher auf Aktualität und stellen höchste Ansprüche an Inhalt und Gestaltung. Alle Anleitungen, Übungen oder Rezepte werden von unseren Autoren, jeweils Experten auf ihren Gebieten, gewissenhaft erstellt und von unseren Redakteur*innen mit größter Sorgfalt ausgewählt und geprüft.

Haben wir Ihre Erwartungen erfüllt? Sind Sie mit diesem Buch und seinen Inhalten zufrieden? Wir freuen uns auf Ihre Rückmeldung. Und wir freuen uns, wenn Sie diesen Titel weiterempfehlen, in Ihrem Freundeskreis oder bei Ihrem Online-Kauf.

Sollten wir Ihre Erwartungen so gar nicht erfüllt haben, tauschen wir Ihnen Ihr Buch jederzeit gegen ein gleichwertiges zum gleichen oder ähnlichen Thema um.

KONTAKT ZUM LESERSERVICE

GRÄFE UND UNZER VERLAG
Grillparzerstraße 12
81675 München
www.gu.de

IMPRESSUM

unum

unum ist eine eingetragene Marke der GRÄFE UND UNZER VERLAG GmbH, www.gu.de

ISBN 978-3-8338-8827-4
4. Auflage 2025

Projektleitung: Viola Schmid
Lektorat: Diane Zilliges
Bildredaktion: Nele Schneidewind
Umschlaggestaltung: ki36 Editorial Design, Daniela Hofner
Herstellung: Markus Plötz
Satz: Uhl + Massopust, Aalen
Reproduktion: LUDWIG:media, Zell am See
Druck und Bindung: Livonia, Riga

Umwelthinweis

Nachhaltigkeit ist uns sehr wichtig. Der Rohstoff Papier ist in der Buchproduktion hierfür von entscheidender Bedeutung. Daher ist dieses Buch auf PEFC-zertifiziertem Papier gedruckt. PEFC garantiert, dass ökologische, soziale und ökonomische Aspekte in der Verarbeitungskette unabhängig überwacht werden und lückenlos nachvollziehbar sind.

Bildnachweis

Illustrationen: ShiSha Rainbow, Coverfoto und Portrait S. 202: Vic Ramkumar, Homepage S. 205: Selenophil, Abbildungen S. 8, 24, 58, 90, 152, 178: Creativemarket

Syndication: www.imageprofessionals.com

Wichtiger Hinweis

Die Gedanken, Methoden und Anregungen in diesem Buch stellen die Meinung bzw. Erfahrung des Verfassers dar. Sie wurden von der Autorin nach bestem Wissen erstellt und mit größtmöglicher Sorgfalt geprüft. Sie bieten jedoch keinen Ersatz für persönlichen kompetenten theratpeutischen Rat. Jede Leserin, jeder Leser ist für das eigene Tun und Lassen auch weiterhin selbst verantwortlich. Weder Autorin noch Verlag können für eventuelle Nachteile oder Schäden, die aus den im Buch gegebenen praktischen Hinweisen resultieren, eine Haftung übernehmen.

Die unum-Homepage finden Sie unter: www.unum-verlag.de